Strato- oder Schichtvulkan

GELÄNDEFORM

kegelförmig
steile Hänge

ERUPTIONSFORMEN

zähflüssige Lava

explosiver Ausbruch

Schildvulkan

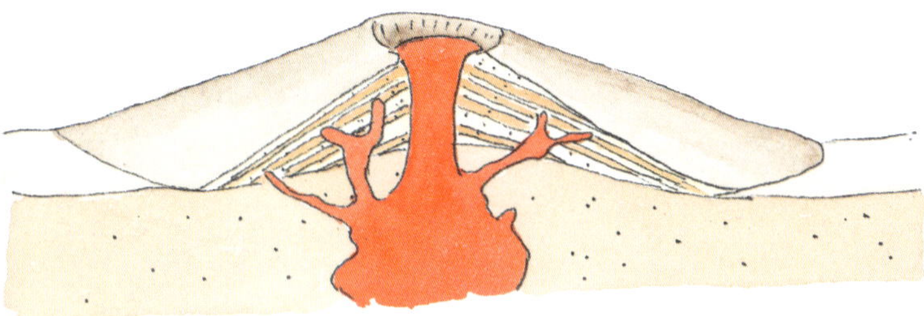

GELÄNDEFORM

schildförmig
flache Hänge

ERUPTIONSFORMEN

dünnflüssige Lava

Lavafontänen

lange Eruptionen

Maar | Tuffring

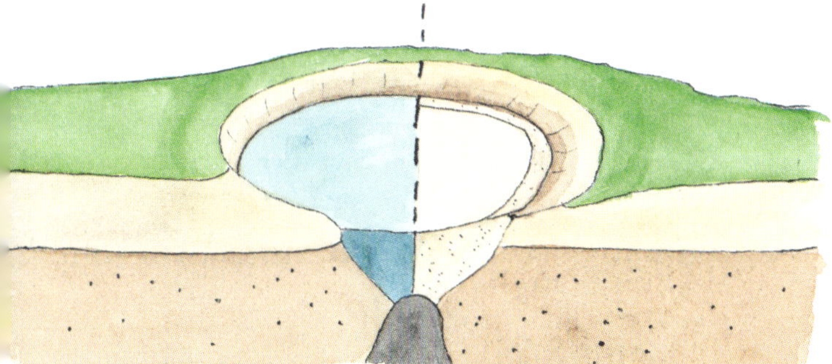

GELÄNDEFORM

wannen- oder
trichterförmig

ERUPTIONSFORMEN

phreatomagmatische
Explosion durch
Kontakt mit Wasser

Alles klar!

Der kleine Drache Kokosnuss

erforscht die Vulkane

Alles klar!

Der kleine Drache Kokosnuss

erforscht die Vulkane

cbj

Inhalt

Ein Osterei am Himmel

„Sieht aus wie ein Elefant!", ruft der kleine Drache Kokosnuss. Er deutet auf die weiße Wolke, die friedlich aus dem Gugelhupf aufsteigt.

Eigentlich ist ein Gugelhupf ja ein Topfkuchen. Aber weil der kleine Vulkan der Dracheninsel genau diese Kuchenform hat, wird er von den Drachen Gugelhupf genannt. Vor einiger Zeit wäre der kleine Vulkan beinahe ausgebrochen. Aber das konnten Kokosnuss und seine Freunde, der Fressdrache Oskar und das Stachelschweinmädchen Matilda, gerade noch verhindern.[1] Seitdem schauen sie immer wieder vom Baumhaus aus nach, was der Gugelhupf macht. Nicht, dass er doch wieder anfängt zu brodeln. Meistens spuckt er nur nette Wölkchen. So wie heute.

„Oh, und diese sieht aus wie ein wolliges Schaf!", sagt Matilda. Oskar legt nachdenklich den Kopf schief. „Also, wenn ihr mich fragt … ist das eher ein Osterei. Ein Osterei, das bunt blinkt!"

[1] Das Abenteuer wird in „Der kleine Drache Kokosnuss – Vulkan-Alarm auf der Dracheninsel" erzählt.

„Normalerweise blinken Wolken nicht bunt", sagt Kokosnuss. „Das muss etwas anderes sein … etwas, das immer näherkommt!" Aufgeregt springt er aus dem Baumhaus. „Ein Raumschiff!"
„Das Magmamobil!", ruft Oskar und springt Kokosnuss hinterher.
„Das von unserer Freundin Dotti vom Planeten Öxi!", ruft Matilda jubelnd und landet neben ihren Freunden.
Da setzt das blinkende Raumschiff auf dem Boden auf. Zischend geht die Luke auf und eine kleine Frau streckt den Kopf heraus.
„Hallo!", grüßt sie. „Ich habe sooo tolle Neuigkeiten. Die muss ich euch erzählen!"

Während sie aus dem Raumschiff klettert, wedelt sie mit einem Zettel. „Schaut mal!"
Matilda greift nach dem Blatt.
„Diplom in Vulkanforschung – Vulkanologie", liest sie. „Für Eyjafjallajökulla-Dottir."
„Das bist du!", sagt Oskar und Dotti nickt stolz.
„Mit Bravur bestanden!", liest Kokosnuss nun über Matildas Schulter. „Das ist toll, Dotti! Glückwunsch!"
„Danke", sagt Dotti. „Aber das Allertollste ist: Ich darf weiterforschen! Die Öxi-Uni fand meine Forschungsergebnisse zu eurem Gugelhupf-Vulkan so spannend, dass ich alle Vulkane eures Planeten erforschen soll!"
„Alle Vulkane der Erde?", fragt Kokosnuss matt. „Das sind aber ziemlich viele. Jedes Jahr brechen zwischen 50 und 70 Vulkane aus, steht in meinem Vulkane-Buch. 20 Vulkane speien sogar die ganze Zeit über Lava. Und die mitgezählt, die nicht ausbrechen … Puh, da hast du viel zu tun, Dotti."
„Wir helfen dir!", sagt Matilda. „Wir begleiten dich auf deiner Reise zu den Vulkanen!"
Oskar klatscht in die Pfoten. „50 ausbrechende Vulkane! Ich habe eine geniale Idee. Wartet kurz!" Schon rennt er davon.
Kokosnuss blickt ihm nach. „Wir könnten meine Tante Merle in Indonesien besuchen", sagt er. „Sie wohnt am Vulkan Krakatau. Ich habe sie schon ewig nicht mehr gesehen!"
Dotti strahlt. „Prima! Ich kann eure Hilfe gut gebrauchen. Wenn Oskar zurückkommt, starten wir."
Kokosnuss lacht. „Alles klar, wir erforschen die Vulkane!"

Oskars geniale Geschäftsidee

„Wo bleibt Oskar denn?“, fragt Kokosnuss. Ungeduldig schaut er aus dem Fenster des Magmamobils.
Inzwischen hat Dotti ihm und Matilda alle Knöpfe und Hebel im Raumschiff gezeigt. Jedes der leuchtenden Lämpchen, die wie Stacheln vom Magmamobil abstehen, hat eigene Sensoren, die alle Informationen über einen Vulkan aufspüren und sie auf dem Bildschirm anzeigen.
In der Datenbank des Bord-Computers werden die Informationen gesammelt und geordnet. Das Magmamobil ist eine fliegende Vulkan-Forschungsstation!
Kokosnuss hat einen wunderschönen Stein in der Form der Dracheninsel als Geschenk für Tante Merle eingesteckt. Und Matilda hat ihr Notizbuch und ihren Atlas dabei. Jetzt warten sie auf Oskar. Matilda stellt sich neben Kokosnuss.
„Was meinte er denn mit ‚geniale Idee‘?“, fragt sie.
„Er wird es uns gleich sagen“, sagt Kokonuss. „Da kommt er!“
Tatsächlich! Zwischen den Büschen und Felsen taucht Oskar auf. Er ist schwer bepackt!
„Was willst du denn mit den Tüten und Paketen?“, ruft ihm Matilda entgegen.
Oskar lacht. „Das ist meine Idee. So viele Feuer speiende Vulkane! Die Leute brauchen dringend meinen Spezial-Vulkanausbruchs-Gegenmittel-Super-Suppentrank. Er wird sich verkaufen wie

frische Sahnetörtchen … hm, Sahnetörtchen!"
„Du meinst das Mittel nach dem Rezept, dass ich euch gegen den Ausbruch des Gugelhupfs gegeben hatte?", fragt Dotti.
„Genau!", sagt Oskar. „Und bestimmt erinnerst du dich, dass ich ein paar Zutaten ausgetauscht und das Rezept verbessert hatte! Seitdem habe ich die Zutaten immer parat. Falls der Gugelhupf mal wieder ausbrechen will." Er deutet auf die Pakete: „Ein Topf, ein Kochlöffel, Feuerholz, zehn leere Flaschen. Dann kann ich die zehnfache Menge herstellen!"
„So viel?", staunt Matilda. „Und lass mich raten … in den Paketen ist dann …"
„Baldrianwurzel, schwarzer Pfeffer, Salz, Ingwerwurzel, Gemüsebrühe vorgekocht, Stinkzotteln, pürierte Mortadella in Bioqualität, Gänseköttel", zählt Oskar auf. „Und natürlich gequirltes Ochsenpipi, und als Geheimzutat extrastinkiger Drachenpups mit Zwiebel-Ochsengeschmack von meinem Papa!"

Auf nach Island!

Es ist ganz schön eng im Magmamobil. Dotti, Kokosnuss und Matilda quetschen sich zwischen Oskar und seine Kisten, Päckchen und Tüten.
„Passt bloß auf, dass die Pupstüte nicht aus Versehen zerplatzt!“, warnt Oskar.
Plötzlich fängt das Magmamobil an, wild zu piepsen.
Dotti schaut auf ihren Computer. „Wir fliegen gerade über dem Atlantischen Ozean und … oh, die Sensoren zeigen hohe Vulkantätigkeit an!“
„Wo?“, ruft Kokosnuss. Vorsichtig schiebt er das Paket Mortadella beiseite, damit er auf den Bildschirm schauen kann.
Dotti runzelt die Stirn. „Das ist rätselhaft … Irgendwo hier tritt Magma aus. Aber weit und breit ist kein Vulkan zu sehen. Nur Wasser. Hm, hier zeigt das Magmamobil einen Vulkanausbruch an! Und da schon wieder“, sagt Dotti über das Piepsen hinweg. „Eine lange Kette … unter Wasser, wie es scheint.“
Kokosnuss schiebt die Packung Ingwerwurzeln weg und schaut aus dem Fenster. „Dahinten ist aber eine Insel!“, ruft er aufgeregt. „Mit vielen Vulkanen! Eine richtige Vulkaninsel!“
„Das ist Island“, stellt Matilda fest. Sie schaut von ihrem Atlas auf. „Island liegt auf dem **Mittelatlantischen Rücken**. Das ist eine 20 000 Kilometer lange **Gebirgskette** unter Wasser, die längs durch den Atlantischen Ozean verläuft.

Hier tritt aus unzähligen Spalten und Vulkanen Magma aus."
„Moment, Moment!", ruft Oskar. „Was ist noch mal Magma? Und wieso kommt es aus den Spalten?"
Dotti tippt auf den Bildschirm und eine Grafik erscheint.
„Würde man eure Erde aufschneiden wie eine Nougatkugel, würdet ihr sehen, dass sie aus verschiedenen Schichten besteht", erklärt Dotti.
„Der **innere Kern** besteht aus festem Metall, der **äußere Kern** aus flüssigem Metall.
Der Erdkern ist vom **Erdmantel** umgeben. Das Gestein des Mantels ist fest. Aber weil es bis zu 3500 °Celsius heiß ist, kann es sich unter bestimmten Einflüssen verformen und auch zu Magma verflüssigen. An der Oberfläche ist das Gestein kalt und bildet die **Erdkruste**."
„Die Erdoberfläche, auf der wir leben!", ruft Matilda.
Kokosnuss staunt: „Die ist ganz schön dünn … im Vergleich zum Rest."

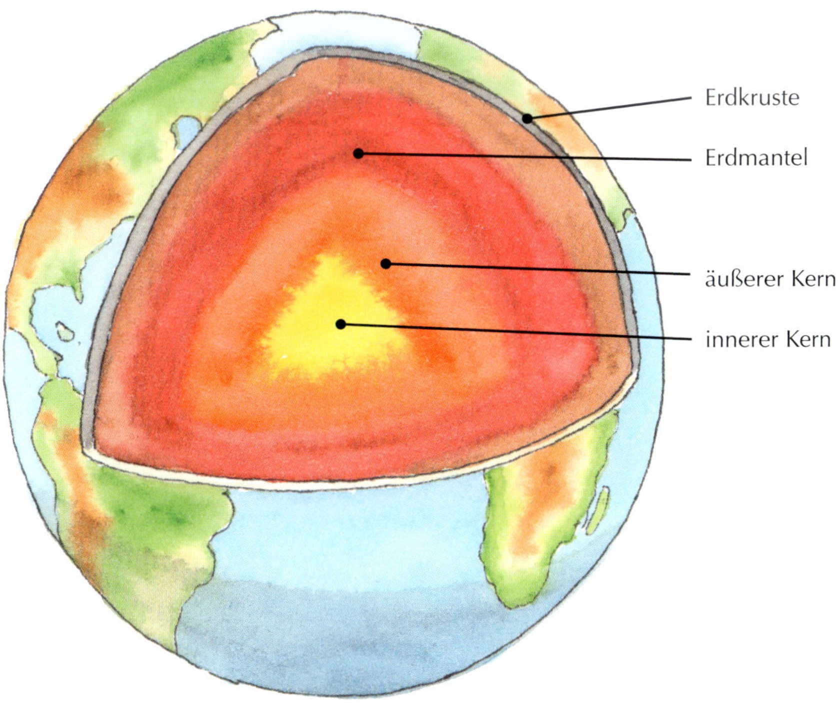

Der große Graben

Vorsichtig landet Dotti das Raumschiff auf einer Felsenklippe. Sie klettert vor den Freunden aus dem Raumschiff. „Seht ihr den Graben?“, fragt sie.
Kokosnuss nickt. „Boah, der ist ja riesig!“
Dotti tippt auf einem kleinen Tablet herum. „Inzwischen habe ich meine Datenbank mit der der Menschen verbunden. Hm, äußerst interessant! Hört zu: Island liegt auf dem Mittelatlantischen Rücken, wie Matilda schon sagte. Dieser Rücken bildet eine **Plattengrenze** – und Island liegt auf zwei unterschiedlichen tektonischen Platten.“
„Was meinst du mit Platten? Schallplatten? Oder Kuchenplatten?“, fragt Oskar.
Dotti lacht. „Nein, nein! Die Erdkruste – also die Oberfläche der Erde mit ihren Meeren und Kontinenten – ist keine feste Schicht. Sie besteht aus verschiedenen Platten, die sich bewegen können – ungefähr wie Puzzleteile.“
„Puzzle mag ich!“, sagt Kokosnuss.
„Das Puzzle von der Erde sieht so aus“, sagt Matilda und zeigt ein Bild in ihrem Atlas.
„Sind die Platten in echt so bunt?“, fragt Oskar.
„Quatsch“, antwortet Matilda streng. „Die werden nur so dargestellt, damit man die Platten **auf der Karte** besser unterscheiden kann.“
„Allerdings verändert sich dieses Puzzle immerzu“, sagt Dotti. „Denn die Platten

bewegen sich auf dem Erdmantel. An manchen Stellen schwimmen sie auseinander und an anderen stoßen sie zusammen. Am Mittelatlantischen Rücken driften die **Nordamerikanische** und die **Eurasische Platte** auseinander. Man nennt das eine **divergente Plattengrenze**."

„Die Erdkruste ist also dünn und voller Risse", sagt Kokosnuss. „Und dieser Graben durch Island ist so ein Riss in der Erdkruste."

„Weil Island auf zwei Puzzleteilen liegt … äh, Kontinentalplatten", sagt Matilda. Sie reißt entsetzt die Augen auf. „Und wenn sie sich voneinander entfernen, zerfällt dann Island in zwei Teile?"

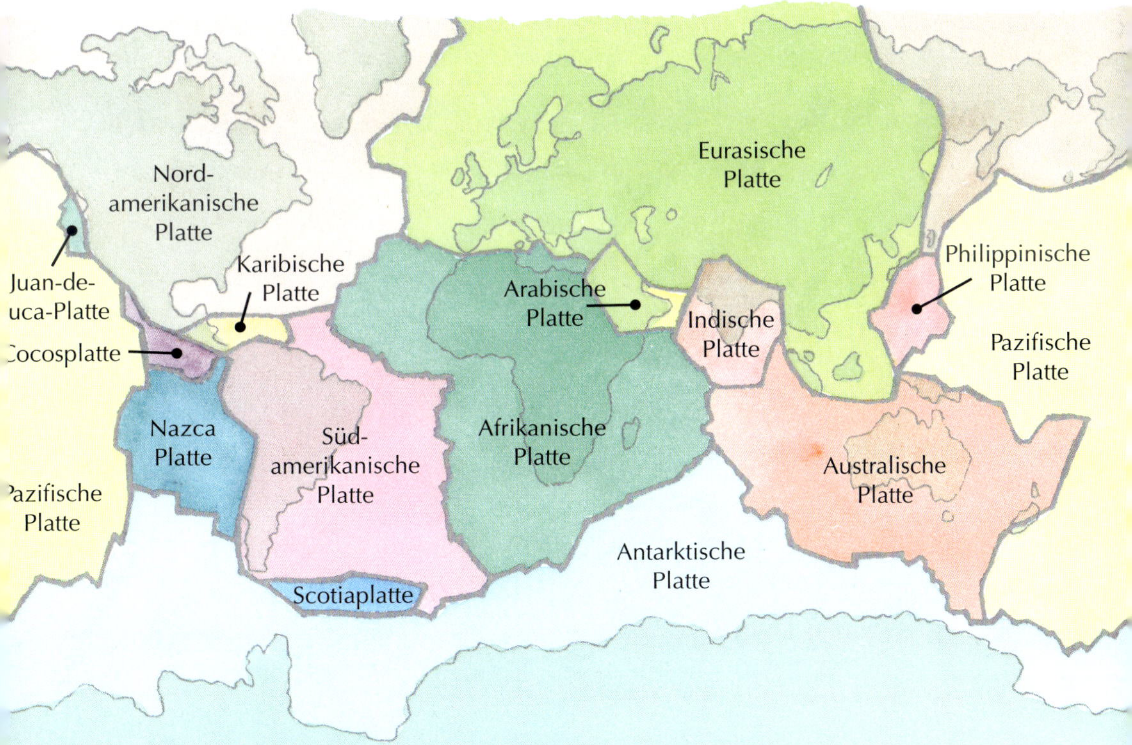

Weltkarte mit vereinfachter Darstellung der Lithosphärenplatten

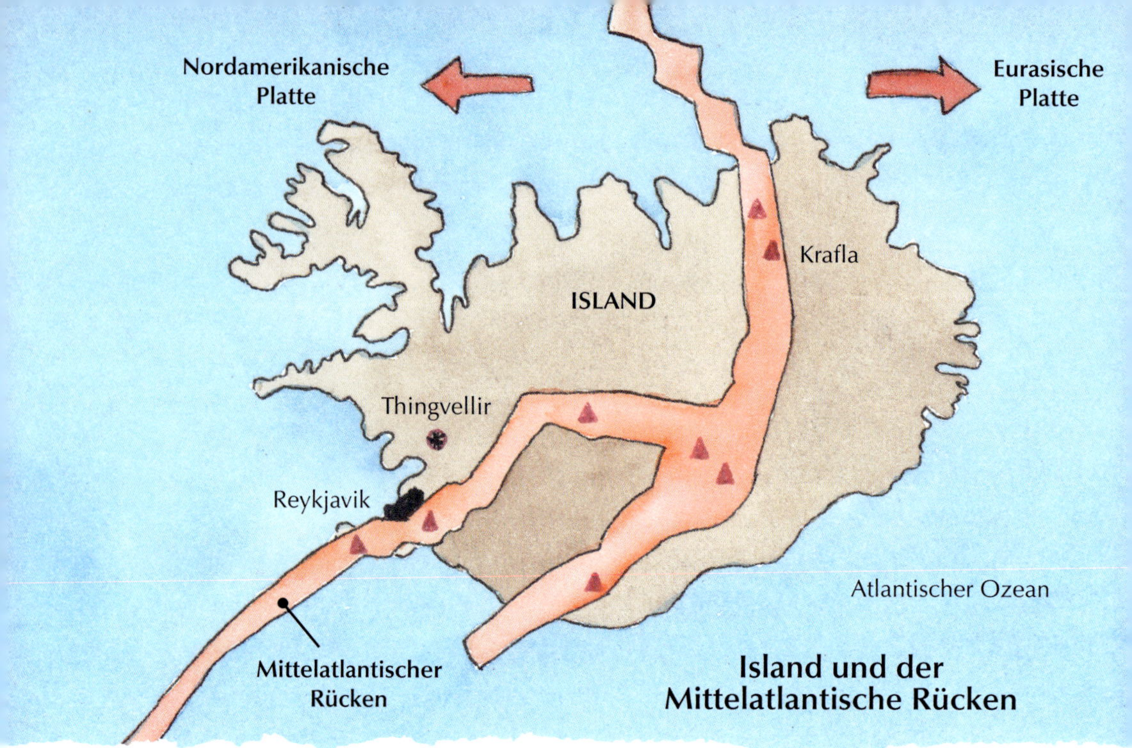

Island und der Mittelatlantische Rücken

„Der Graben wird jedes Jahr etwa zwei Zentimeter breiter", sagt Dotti. „Aber Island bricht nicht auseinander, keine Bange! Denn aus dem Erdinnern kommt ständig Magma nach. Wenn es abkühlt, wird es zu hartem Stein. An einer divergenten Plattengrenze entsteht also immerzu eine neue Erdkruste."

„Dann wächst die Erdoberfläche ständig?", fragt Oskar.

„Hier schon, woanders wird sie weniger", sagt Dotti. „In Island entsteht viel neues Gestein. Denn unter der Erdkruste fördert eine Strömung im Erdmantel heißes Gestein nach oben, vermutlich aus der Kern-Mantel-Grenze. So eine Strömung nennt man Mantelplume. Sie drückt gegen die Erdkruste."

Kokosnuss schnappt nach Luft. „Gegen die dünne, zerrissene Erdkruste!"

Dotti nickt. „Ein Riss ist eine Schwachstelle in der Erdkruste. Wo es Schwachstellen gibt, kann Magma austreten: Das ist ein Vulkanausbruch, oder auch **Eruption** genannt. Jeder Vulkanausbruch ist ein bisschen anders, denn jeder Vulkan ist anders. Magma kann aus **Vulkanbergen** herausschießen oder auch auslaufen … Oder es quillt aus langen **Erdspalten**. Das sind **Spalten-Eruptionen**."

„Deswegen hat das Magmamobil so wild gepiepst", sagt Kokosnuss. „Auf Island gibt es viele Vulkane! Jetzt will ich mal einen sehen, Dotti!"

„Kommt mit!", ruft Dotti. Sie klettern ins Raumschiff und heben ab. Sie fliegen nur ein paar Minuten. Da müffelt es plötzlich ganz fürchterlich.

„Puh, ist jemand auf die Pupstüte gefallen?", fragt Kokosnuss und hält sich die Nase zu.

„Was?", schreit Oskar entsetzt und atmet auf. „Nee, noch ganz."

Dotti kichert. „Das ist bestimmt der Vulkan."

„Ein pupsender Vulkan?", fragt Matilda.

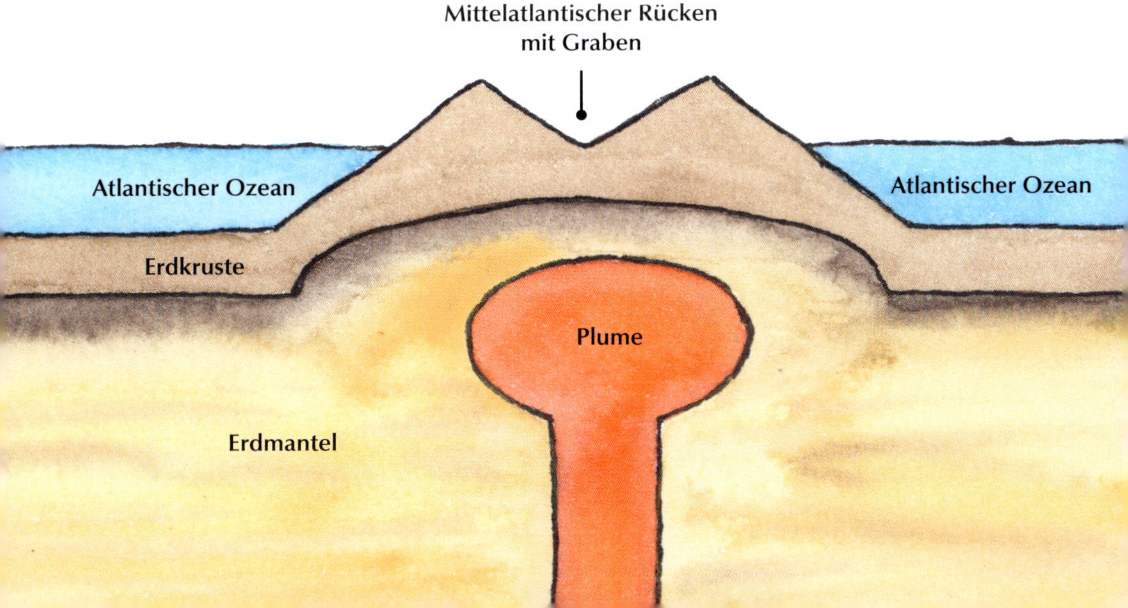

Im Vulkan!

Da stößt das Magmamobil einen schrillen Ton aus. „Aha, ein Vulkanberg! Wir schweben direkt über dem **Vulkankrater**!“, ruft Dotti. „Seht ihr die Öffnung im Gipfel des Berges?“ „Da geht's aber tief runter!“, sagt Oskar staunend. „Das ist der Schlot“, sagt Dotti und lenkt das Magmamobil in den Vulkan! Links und rechts ragen schroffe Felswände auf. „Der Gestank kommt vom Schwefel“, erklärt die Vulkanforscherin. „Bei aktiven Vulkanen treten oft Gase aus, zum Beispiel Kohlendioxid und Schwefeldioxid. Schwefel stinkt nach faulen Eiern.“

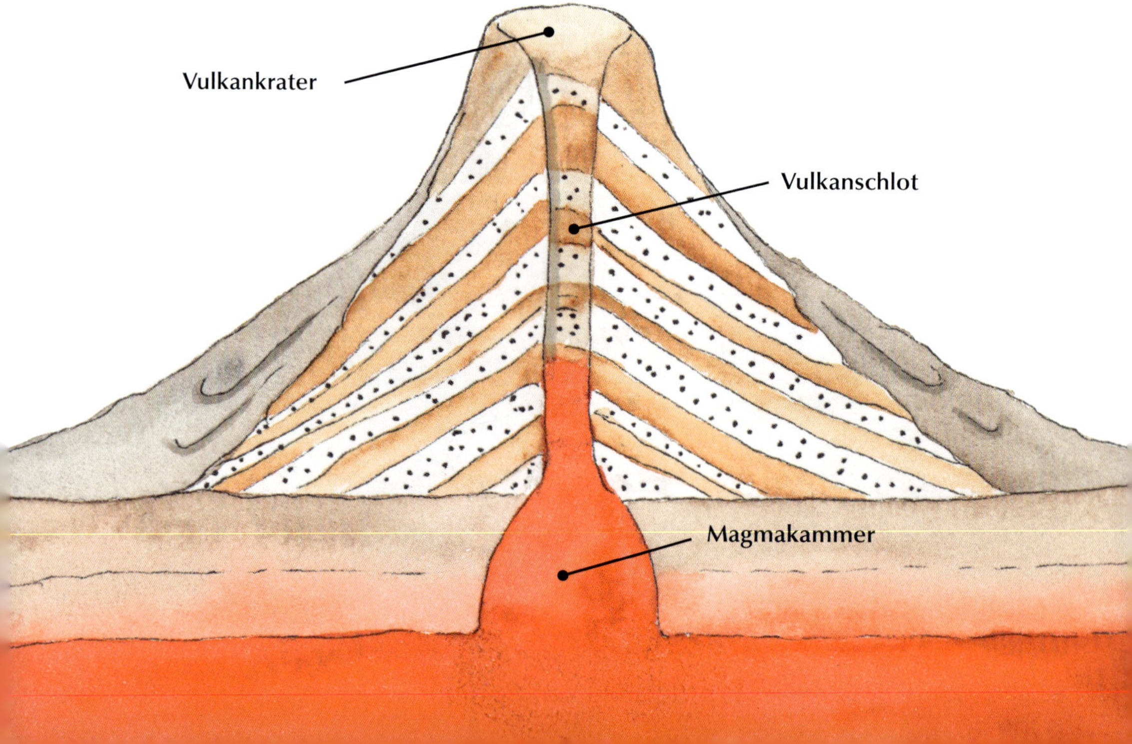

„Wie die Pupse von meinem Onkel Helmut", kichert Oskar. „Der Schlot ist die Verbindung zwischen dem Krater an der Erdoberfläche und der **Magmakammer**", sagt Dotti. „Die Magmakammer liegt tief in der Erdkruste und der obersten Schicht des Erdmantels. Sie ist mit **geschmolzenem Gestein** gefüllt."

„So?", fragt Matilda und zeigt Dotti eine Zeichnung in ihrem Notizheft.

Mit einem Mal grummelt es.

„Ist das dein Magen?", fragt Kokosnuss Oskar. Aber bevor der antwortet, wird das Grollen lauter und eine dicke Nebelschwade hüllt das Magmamobil ein.

„PIEP, PIEP, PIEP", warnt das kleine Raumschiff und alle Lichter blinken aufgeregt.

„Oh", sagt Dotti. „Ich glaube, der Vulkan bricht aus!"

„Oh nein!", protestiert Oskar. „Ich habe meinen Vulkan-Beruhigungstrank noch nicht angerührt!"

„Dann sollten wir schleunigst verschwinden!", ruft Dotti und reißt einen Hebel herum. „Supermagma-Geschwindigkeit!"

Wie der Blitz saust das Magmamobil den Schlot hinauf.

„Das Magma kommt näher!", schreit Kokosnuss.

„Oh, wenn Magma an die Erdoberfläche kommt, wird es **Lava** genannt", berichtigt ihn Dotti.

„Die Lava kommt näher!!!!", schreit Kokosnuss.

„Und sie ist 1000 °Celsius heiß", sagt Dotti. „Das messen die Sensoren."

„1000°?!!!" Die Freunde klammern sich aneinander.

„Schneller!", feuern sie das Raumschiff an.

Das Magmamobil schießt aus dem Krater und landet in sicherer Entfernung. Dotti und

die Freunde klettern aus der Luke. Staunend legen sie die Köpfe in den Nacken.
„Das, was aus dem Vulkan herauskommt, nennt man **Eruptionssäule**.“
„Verstehe“, sagt Kokosnuss. „Weil Eruption ja Ausbruch bedeutet.“
„Ui, so eine riesige Wolke habe ich noch nie gesehen!“, ruft Matilda. „Die vom Gugelhupf sind viel kleiner!“
„Diese Eruptionswolke besteht aus Wasserdampf, Gasen und Asche“, sagt Dotti. „Je nachdem, wie heftig die Explosion ist, kann die Eruptionssäule

über 30 Kilometer hoch werden. Aber das ist bei jedem Vulkan anders."
„Halló! Ich bin Aki", begrüßt sie ein Isländer. „Seid ihr zum Vulkangucken da? Das machen viele Touristen hier."
„Wir sind Vulkanforschende!", erklärt Matilda eifrig. „Wir wollen alles über Vulkane lernen."
„So, so", sagt Aki. „Dann wisst ihr bestimmt schon, dass **Lavafontänen** nur mehrere Hundert Meter in die Luft geschleudert werden, anders als die Wolke."
Kokosnuss kann den Blick nicht vom glühenden Vulkan wenden.
Oskar wird ganz hibbelig und wendet sich an Aki: „Mit meinem Spezial-Vulkan-Beruhigungstrank könnte ich den Vulkanausbruch stoppen. Das möchten Sie doch sicher!"
„Och", sagt Aki und kratzt sich am Kopf. „Dieses Eruptiönchen? Das hört doch gleich wieder auf ... Und außerdem: Was sollen die Touristen denn angucken, wenn der Vulkan nicht ausbricht? Mich vielleicht?"
Matilda und Kokosnuss kichern. Oskar blickt Aki groß an und sagt: „Aber so ein Ausbruch ist doch gefährlich ..."
„Já", sagt Aki gedehnt. „Aber wie man mit Eruptionen klarkommt, wissen wir Isländer. 1973 wurde es zum Beispiel ziemlich gefährlich: Da öffnete sich eine Spalte auf der Insel **Heimaey** vor Island. 5200 Menschen lebten damals dort. Der Spalt riss das Stadtzentrum auf. Ganze Straßen und Hunderte von Häusern versanken in der Lava!"
„Oh nein!", stöhnt Matilda.
„Obwohl es in einer Winternacht passierte, konnten alle Menschen bis auf einen gerettet werden!", erzählt Aki stolz.

„Um den Schaden zu begrenzen, wurde Meerwasser auf den Lavastrom gepumpt. So änderte er seine Richtung. Viele Häuser und der Hafen wurden vor der Zerstörung bewahrt … und sind inzwischen wieder aufgebaut! Auf der Hauptinsel bauen wir zum Schutz vor Lavaströmen riesige Dämme und Mauern. Schaut!" Er zeigt den Freunden zwei Fotos. „So sah es aus, nachdem der Lavastrom gestoppt wurde. Und so … nachdem die Lava weggeräumt worden war." (S. 23)

„Was das kostet!", ruft Oskar. „Mein Spezialtrank ist viiiiel günstiger, wetten? Da könntet ihr das Geld für Dämme sparen!"

„Vulkane bringen auch viel Gutes", sagt Aki bestimmt. „Aus den Spalten steigen **Erdwärme** und **Wasserdampf** auf, die wir zur **Energiegewinnung** nutzen. Island wird durch die Vulkantätigkeit jedes Jahr zwei Zentimeter größer! Und seit

Lavastrom, nachdem der Weiterfluss gestoppt worden war (Juli 1973)

1963 wächst vor unserer Südküste sogar eine neue Insel aus dem Meer: Die Insel **Surtsey**. Der Vulkan lag bis dahin unter Wasser. Aber dann brach er immer wieder aus. Der Gipfel wurde ständig höher, bis er aus dem Wasser ragte. Surtsey ist ein interessantes Forschungsgebiet!"
„Das verstehe ich!", sagt Dotti. „Außerdem sind Vulkane tolle **Touristenattraktionen**", sagt Aki.
„Ich sehe schon: Hier kann ich kein Geschäft machen", grummelt Oskar. „Dotti, können wir weiterfliegen?"
„Au ja, zu einem anderen Vulkan!", ruft Kokosnuss. „Du sagtest doch, dass jeder Vulkan seine eigene Persönlichkeit hat, Dotti. Dann lass uns ein paar Vulkan-Persönlichkeiten erforschen!"
Dotti lacht. „Gut, wir fliegen weiter! Auf Wiedersehen!"

Im Ostafrikanischen Graben

Wieder landet das Raumschiff auf einer Felsklippe. Als die Freunde die Luke aufstoßen, weht ihnen heiße Luft entgegen.

„Wir sind in Afrika, genauer gesagt: im **Ostafrikanischen Graben**“, sagt Dotti. „Er zieht sich über 6000 Kilometer Länge durch Ostafrika. Das Magmamobil meldet, dass es auch hier einige aktive Vulkane gibt.“

„Moment“, sagt Kokosnuss. „Wir sind also wieder an einem Graben … einem seeeehr langen Riss in der Erdkruste. Wird der Kontinent Afrika auch größer?“

„Im Gegenteil!“, sagt Dotti. „Die Forschung der Menschen hat ergeben, dass die **Afrikanische Kontinentalplatte** auseinanderbricht.“

„Afrika geht kaputt?“, japst Oskar.

„In etwa 20 Millionen Jahren, ja“, bestätigt Dotti. „Ein Stück von der Afrikanischen Platte wird abbrechen und eine neue

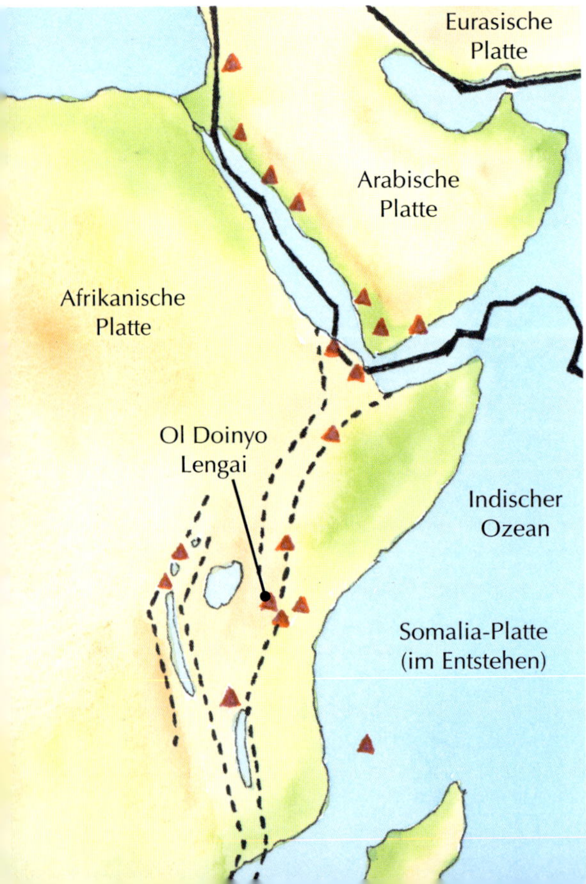

Legende:

Plattengrenze

Ostafrikanischer Graben

Vulkan

Platte entstehen, die **Somalia-Platte**. Und der Graben wird sich mit Wasser füllen, sodass es einen neuen Ozean geben wird."

„Schlimm", findet Kokosnuss.

„Kokosnuss, lange Zeit sah die Oberfläche der Erde nicht so aus, wie sie heute aussieht", sagt Dotti.

„Das stimmt", sagt Matilda und blättert in ihrem Notizbuch. „Hier! Bei unserem Dinosaurier-Abenteuer[2] hatte ich es aufgeschrieben! Zu Beginn der Dino-Zeit gab einen einzigen Superkontinent: **Pangäa**. Die Landmasse zerbrach und die Kontinente drifteten auseinander. Das nennt man **Kontinentalverschiebung**."

„Und jetzt zerbricht Afrika. Die Wanderung der Kontinente geht also weiter!", sagt Oskar.

Matilda nickt. „Die Kontinente wandern so langsam, dass die Dinos es gar nicht bemerkten. Und wir spüren es auch kaum."

„Außer es gibt ein Erdbeben!", sagt Kokosnuss.

„Und ein Vulkan zeigt auch an, dass im Innern der Erde etwas los ist", sagt Dotti.

„Wir fliegen zum Ol Doinyo Lengai!"

[2] Genauer kannst du das in „Alles klar! Der kleine Drache Kokosnuss erforscht die Dinosaurier" nachlesen.

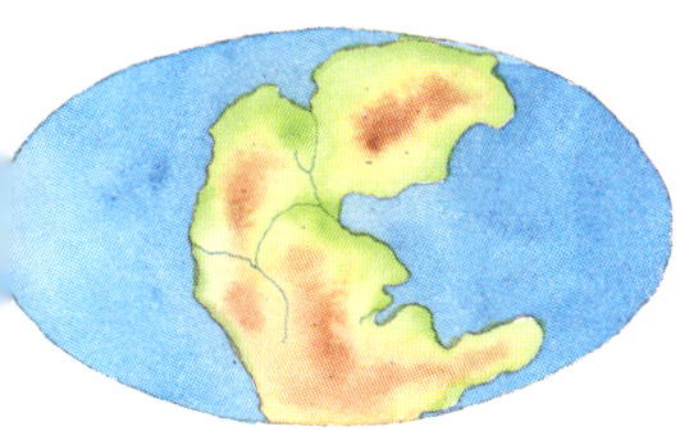

Trias

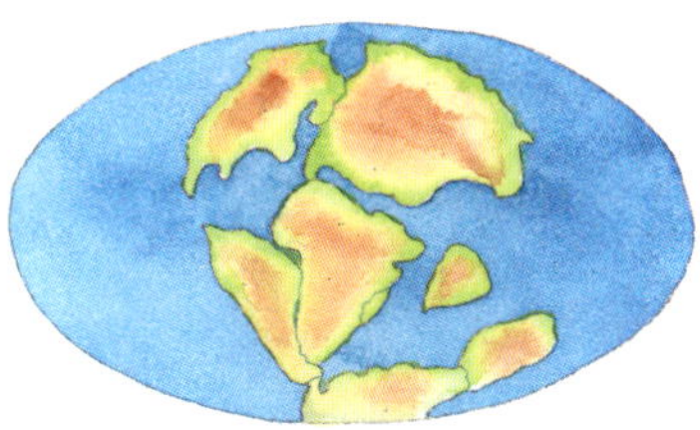

Jura

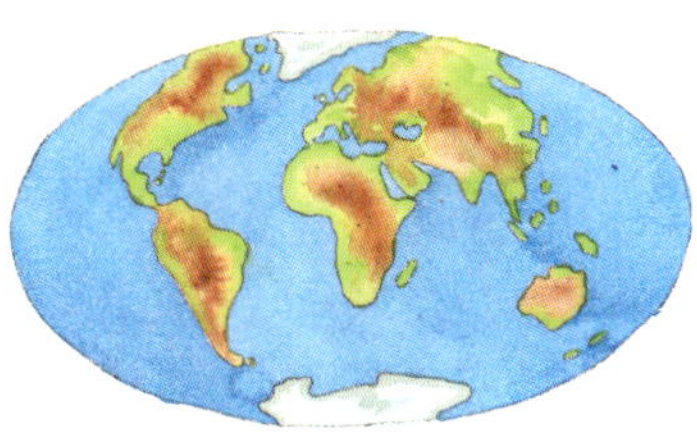

Kreide

Der Gottesberg

Das Magmamobil fliegt über eine weite Graslandschaft. „Seht ihr die Giraffen, die umherwandern?“, ruft Kokonuss aufgeregt.
Dotti nickt. „Wir sind in Tansania, nicht weit vom Äquator entfernt.“ Sie steuert das Magmamobil auf einen Berg zu, dessen Gipfel zwischen weißen Wolken aufragt. „Das ist der **Ol Doinyo Lengai**. In der Sprache der **Massai**, die hier in dem Gebiet leben, bedeutet das *Gottesberg*. Ihrem Glauben nach ist der Vulkan der Sitz ihres Gottes Engai.“
„Und wenn Engai wütend wird, bricht der Vulkan aus?“, fragt Kokosnuss.
Dotti nickt. „Bevor Vulkane wissenschaftlich erforscht wur-

Ol Doinyo Lengai

den, haben sich die Menschen Vulkanausbrüche oft mit dem Zorn ihrer Götter erklärt.“

„Daran glaubten die Römer auch“, erinnert sich Oskar. „Sie machten ihren Gott **Vulkanus** für Vulkanausbrüche verantwortlich. Nach ihm wurden die Vulkane benannt.“

Die Vulkanforscherin lenkt das Magmamobil über den Krater. Alles ist grau und schwarz.

Matilda blickt auf den Bildschirm. „Zwischen 2007 und 2008 gab es hier eine große **Asche-Eruption“**, sagt sie. „Davor war der Krater bis oben hin mit Lava und Asche angefüllt. Die Eruption war so stark, dass alles 15 Kilometer hoch in die Luft geschleudert wurde. Es entstand ein neuer Krater. Er ist 130 Meter tief!“

„Wir müssen ganz schön weit runter“, sagt Dotti.

„Du willst bis zur Lava hinunterfliegen?“, fragt Oskar.

„Ja, ich würde gern eine Probe entnehmen“, sagt Dotti und lenkt das Magmamobil in den Schlot. „Aha! Der Ol Doinyo Lengai ist ein **Schichtvulkan**[3]. Wie eigentlich alle hohen, kegelförmigen Vulkane. Sie heißen so, weil sie aus vielen Schichten aufgebaut sind. Seht

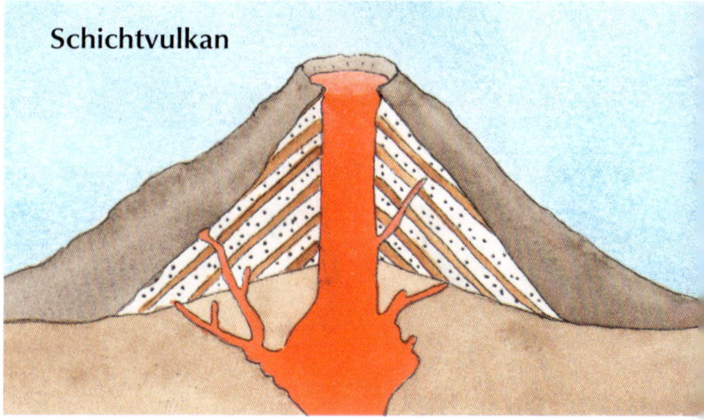

her!“ Sie ruft ein Schaubild auf. „Die Ascheschicht, die bei einem Ausbruch ausgeworfen wird, wird von einer Lavaschicht zugedeckt. So wird der Vulkan mit jedem Ausbruch höher … Außer die Explosion ist so heftig, dass ein

[3] Schichtvulkane werden auch Stratovulkane genannt. Strata ist lateinisch für „Schicht“.

Teil des Bergs weggesprengt wird", wendet Dotti ein. „Ein Ausbruch kann einen Vulkan ganz schön verändern."
Es wird immer dunkler im Schlot. Die Scheinwerfer des Raumschiffs können die aufsteigenden Nebelschwaden kaum durchdringen. Dotti liest vom Bildschirm die Daten ab, die die Sensoren messen.
„Das ist Wasserdampf", sagt sie. „Ungefährlich, allerdings heiß. Keine Bange, im Magmamobil kann uns nichts passieren."
Endlich gleiten die Scheinwerfer über eine unheimliche, fahle Landschaft, aus der Türmchen herausragen.
„Wie unsere Kleckertürmchen aus nassem Sand am Strand", murmelt Matilda. „Nur größer."
„Da haben sich im Krater

Hornitos gebildet", sagt Dotti. „Hornito bedeutet *kleiner Ofen*. Die türmchenartigen Kegel sind meist nur wenige Meter hoch. Sie werden von darunterliegender Lava gespeist. Wenn der Zufluss nachlässt oder sich verändert, stürzen Hornitos ein."
„Ein Hornito spuckt Lava!", ruft Oskar aufgeregt.
„Das ist Lava?", wundert sich Kokosnuss. „Die sieht eher aus wie schwarzes Wasser!"
„Merkwürdig. Wir nehmen eine Probe!", beschließt Dotti und fährt einen Metallarm des Magmamobils aus. Schwupp!, fängt er etwas von der schwarzen Suppe auf. Und zack!, hat der Metallarm eine Lava-Probe eingefangen! Sofort beginnen die Sensoren zu surren, zu messen und zu blinken. Dann stößt das Magmamobil eine Fanfare aus und auf dem Bildschirm erscheint ein Ergebnis.
„Interessant!", sagt Dotti.
„Was denn?", fragen die Freunde, während das Magmamobil sich auf den Rückweg macht.
„Der Ol Doinyo Lengai hat die **kälteste Lava der Welt!**", sagt Dotti. Sie ist nur 500 °Celsius heiß – statt 1000 °Celsius und mehr, wie in Island. Ihr erinnert euch?"
„Allerdings", murmelt Kokosnuss.
„Trotzdem ist sie flüssig wie Schlackensand", sagt Matilda. „Müsste sie nicht ganz fest sein, wenn sie so kalt ist?"
„Das liegt an der Zusammensetzung der Lava", erklärt Dotti. „Ich müsste die Probe genauer untersuchen … Hm. Wir fliegen zum nächsten Vulkan!"
Hui!, schon hat das Magmamobil den Kraterrand erreicht und braust in Richtung Norden.

Was ist los am Erta Ale?

„Da! Ein rauchender Berg!", ruft Oskar.
Kokosnuss blickt neben seinem Freund aus dem Fenster. „Der ist aber flach", sagt er. „Ist das trotzdem ein Vulkan?"
Das Magmamobil kreist direkt über dem Gipfel. Es rattert und piepst. Dann erscheinen Informationen auf dem Bildschirm. „Das ist der Vulkan Erta Ale in Äthiopien", liest Matilda ab. „Erta Ale bedeutet *Berg, der raucht.*"
„Sag ich doch!", wirft Oskar ein.
„Der Vulkan ist zurzeit nur 613 Meter hoch", sagt Dotti. „Er ist so flach, weil er ein **Schildvulkan** ist."
„Hihi", kichert Matilda. „Flach gewölbt wie ein Schild, der auf dem Boden liegt? Kein Straßenschild, sondern so ein Schild, womit sich frühere Krieger geschützt haben?"
„Ja, daher kommt der Ausduck", bestätigt Dotti. „Schildvulkane sind nicht hoch, aber sehr breit. Das liegt an der Lava: Sie ist sehr heiß und dünnflüssig. Wenn der Vulkan ausbricht, gibt es oft keine heftige **Explosion** mit riesiger Eruptionssäule. Dafür fließen Unmengen dünnflüssiger Lava aus dem Krater. Das nennt man **Effusion**. Die Lavaströme fließen über den flachen Kegel. Nur eine dünne Schicht bleibt zurück. Die erkaltet und lässt den Vulkan etwas anwachsen."
Dotti lenkt das Magmamobil direkt über den Krater. Er ist groß, breit und flach. „Die

Magmakammer ist bei einem Ausbruch eingestürzt“, sagt sie. „So einen trichterförmigen Riesenkrater nennt man **Caldera**.“

„Hört mal!“, ruft Matilda, beugt sich über den Bildschirm und liest. „Bis 2017 gab es in der Caldera des Erta Ale einen See aus flüssiger Lava! Aber inzwischen hat er eine feste Oberfläche.“

„Und auf der Oberfläche haben sich diese Ofentürmchen gebildet, die Hornitos!“, ruft Kokosnuss. „Da spuckt einer rote Lava!“

„Die hol ich mir!“, ruft Dotti. Schon streckt das Raumschiff den Metallarm aus und fängt eine Probe auf.

„Ich würde gern einen Lavasee sehen“, sagt Oskar.

„Okay“, sagt Dotti und das Magmamobil fliegt surrend aus dem Krater. „Lavasee, wir kommen!“

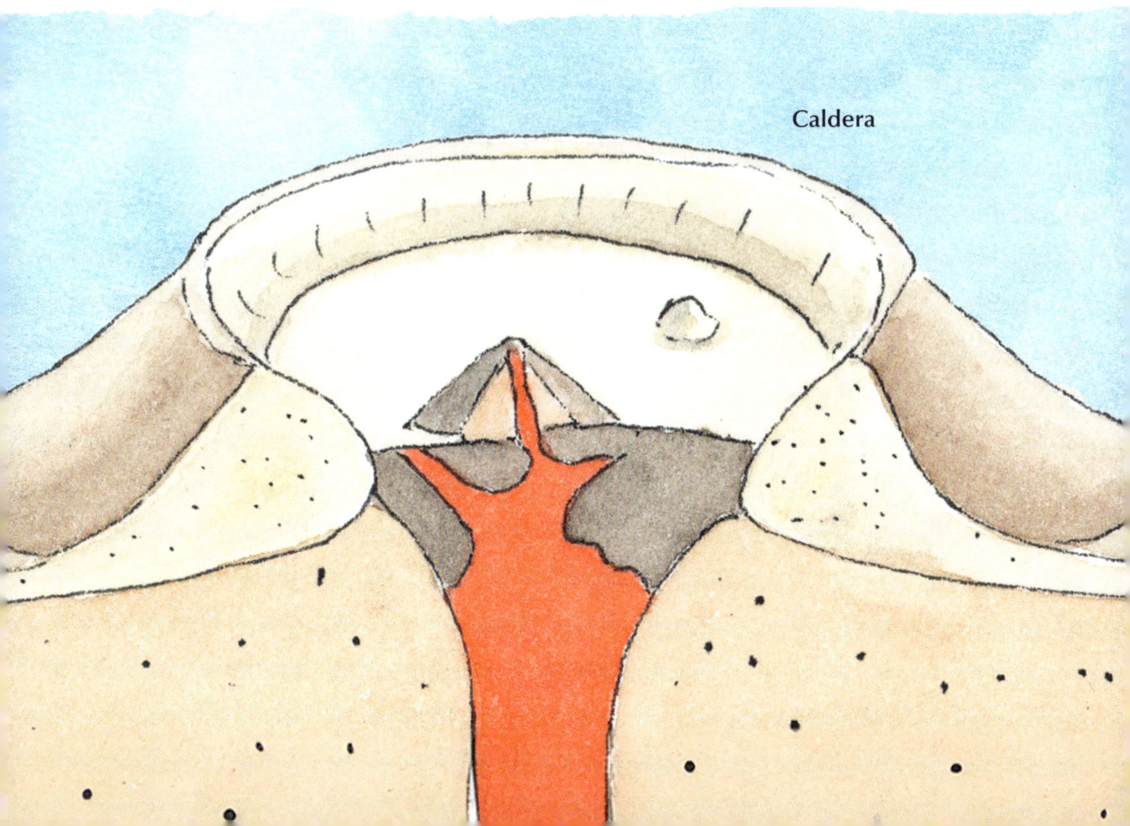

Der Lavasee im Nyiragongo

„Wir erreichen den Vulkan **Nyiragongo**“, sagt Dotti nach einer Weile und zeigt aus dem Fenster. „Der Nyiragongo ist ein 3469 Meter hoher Schichtvulkan. Er liegt in der Demokratischen Republik Kongo. Genau wie der Ol Doinyo Lengai und der Erta Ale liegt der Nyiragongo im Ostafrikanischen Graben.“

„Also da, wo der afrikanische Kontinent auseinanderbricht“, erinnert sich Matilda.
Dotti nickt. „Hier brodelt der größte **Lavasee** der Erde.“
In diesem Augenblick verzieht sich eine Rauchwolke – und die Freunde sehen den Lavasee im Krater!
Kokosnuss staunt: Der Lavasee leuchtet wunderschön! An der

Lavasee

Oberfläche ist die Lava erstarrt. Schwarze Platten schwimmen umher wie Mini-Kontinentalplatten! Sie werden von sprudelnder Lava auseinandergeschoben und stoßen mit anderen Platten zusammen. Dann versinken sie und zerschmelzen in der heißen Lava. Immer wieder spritzen Lavafontänen in die Höhe.
„Uaaah!", schreit Oskar. „Bricht er gleich aus?"
Dotti schüttelt den Kopf und lenkt das Magmamobil noch näher. „Nein, aber der See steigt immer höher. Vielleicht fließt er irgendwann über."
„Das wäre ganz schön gefährlich!", meint Matilda.
„Ist schon mal passiert", sagt Kokosnuss und deutet auf den Bildschirm. „Hier steht, dass es zwischen 1923 und 1977 einen Lavasee gegeben hat. Dann gab es einen Ausbruch und der Lavasee lief aus. Die gewaltigen Lavaströme flossen mit 100 Stundenkilometern die Berghänge hinab. Oje ... 2000 Menschen starben. Als der Krater leer war, stieg eine elf Kilometer hohe Aschewolke in den Himmel."
„Was für eine Katastrophe!", ruft Matilda.
„Ich muss hier den Vulkanberuhigungstrank anbieten!", ruft Oskar.
Dotti fängt mit dem Metallarm geschickt eine Lava-Probe auf. „Entschuldige, Oskar. Ich möchte viele weitere Lava-Proben nehmen. Beim nächsten Vulkan, okay?"
„Menno", murrt Oskar, aber er ist schon gespannt, wohin sie jetzt fliegen.

Der Pazifische Feuerring

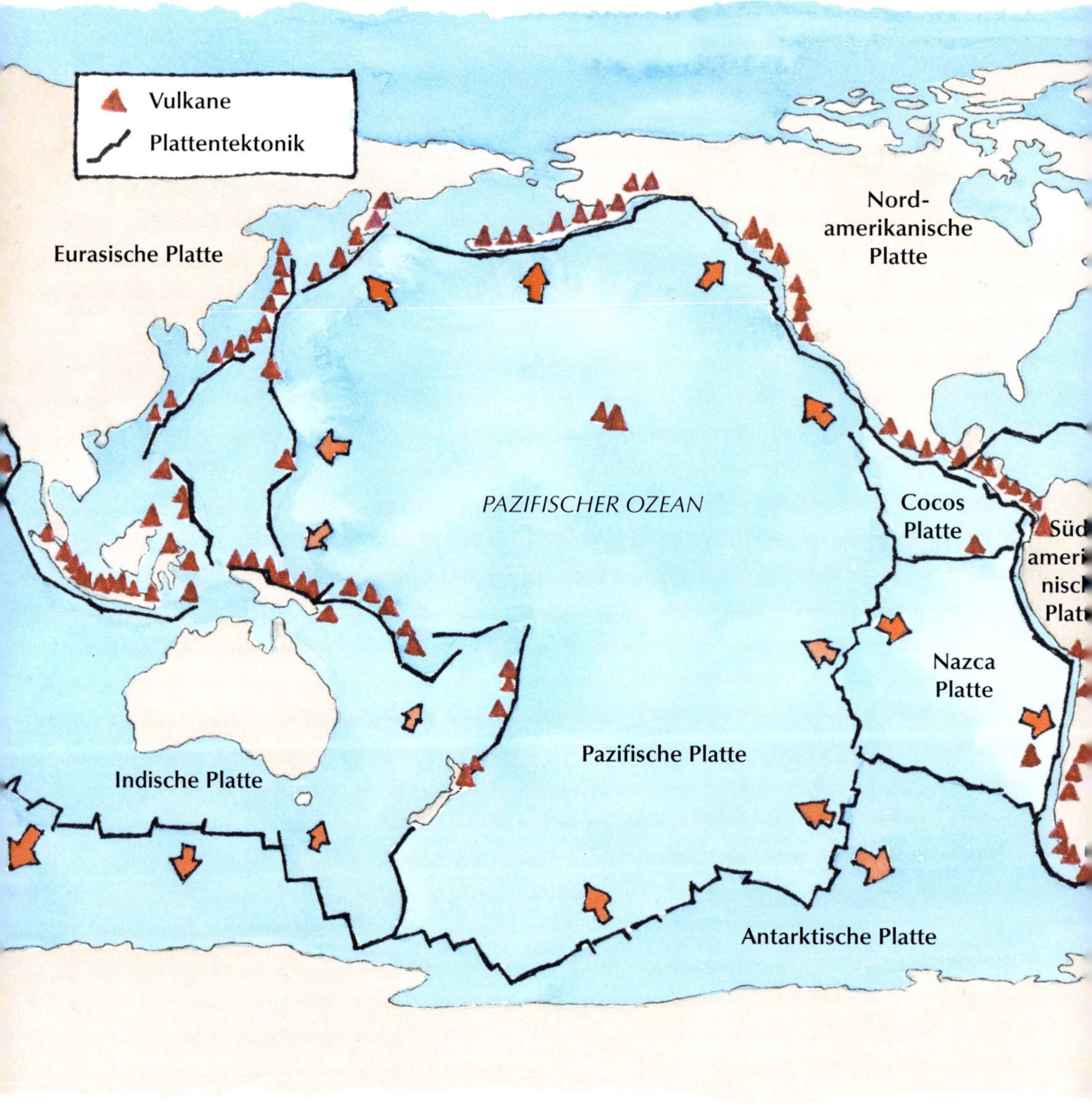

„Wir fliegen dorthin, wo es die meisten aktiven Vulkane der Welt gibt!“, ruft Dotti. „Zum **Pazifischen Feuerring!**“

„Müssen wir da durch fliegen?“, fragt Oskar und klappert mit den Zähnen. Das Magmamobil ist zwar feuerfest, aber „Feuerring“ klingt für ihn nach Raubkatzen, die durch einen brennenden Ring springen.

Matilda hat eine Seite in ihrem Atlas aufgeschlagen. „Der Feuerring hat eher die Form eines verbogenen Hufeisens. Oder eines auf dem Kopf stehenden U. Ein 40 000 Kilometer großes U …“, sagt sie. „*Pazifisch* heißt er, weil sich dieser **Vulkangürtel** an den Küsten des Pazifischen Ozeans entlangzieht: den Ostküsten Australiens und Asiens und den Westküsten Nord- und Südamerikas.“

„Ein Vulkangürtel?“, fragt Kokosnuss nach. „Dann reiht sich hier ein Vulkan an den anderen wie, ähm, Löcher in einem Gürtel?“

„Na ja, das heißt so, um auszudrücken, dass es so viele Vulkane sind“, sagt Dotti. „Außerdem ereignen sich neun von zehn Erdbeben weltweit entlang des Pazifischen Feuerrings.“

„Au Backe!“, ruft Kokosnuss. „Warum denn?“

„Plattentektonik“, sagt Matilda. „Die Puzzleteile der Erde. Erinnert ihr euch?“

Das Stachelschwein fährt mit der Pfote über die Linien auf der Karte. „Auch der Feuerring liegt entlang einiger Plattengrenzen. Allerdings driften sie nicht auseinander, sondern sie stoßen zusammen.“

„Kein Wunder, dass es hier so oft rumpelt!“, sagt Kokosnuss.

„Auch am Meeresboden des Pazifischen Ozeans gibt es

einen **Mittelozeanischen Rücken**, an dem zwei Platten auseinandergedrückt werden.“ Matilda fährt mit dem Finger über eine Linie auf der Karte. „Die **Pazifische Platte** entfernt sich …“, liest Kokosnuss über Matildas Schulter, „von der **Antarktischen Platte**, der **Nazca-Platte** und der … haha, der **Kokos-Platte**!“

„Kokosnuss-Platte wäre noch besser!“, sagt Oskar lachend. „Aha“, macht Matilda und runzelt die Stirn. „Und weil die Platten da auseinandergeschoben werden, stoßen sie woanders mit anderen Platten zusammen.“

„Das nennt man eine **konvergente Plattengrenze**“, erklärt Dotti. „Stößt eine **ozeanische**

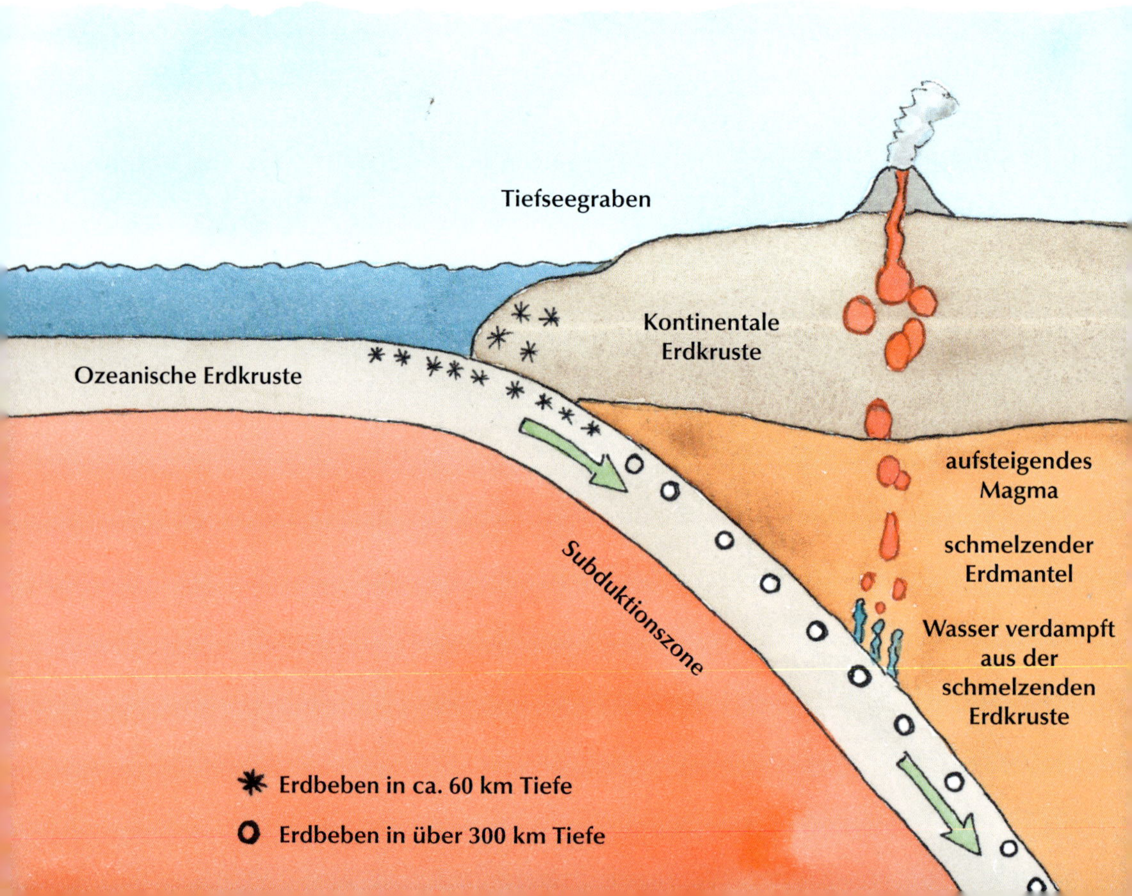

Platte mit einer **Kontinentalplatte** zusammen, taucht sie ab, weil sie leichter ist. An dieser Stelle bildet sich ein **Tiefseegraben**."

„Wie der Marianengraben!", sagt Oskar. „Das Challenger-Tief ist die tiefste Stelle der Erde, 11 000 Meter! Das ist tiefer als der Mount Everest hoch ist. Und der ist mit 8848 Metern der höchste Berg der Welt."

„Hm, das sollten wir uns mal anschauen", meint Dotti. „Aber jetzt untersuchen wir die Vulkane in dieser **Subduktionszone**. Wenn nämlich eine Platte unter der anderen abtaucht, nennt man das **Subduktion**."

„Und warum gibt es hier so viele Vulkane?", fragt Kokosnuss.

„Mit dem Gestein der ozeanischen Platte gerät Wasser in den Erdmantel", sagt Dotti. „Wenn sich das Gestein dort auflöst, wird aus dem flüssigen Wasser …"

„Wasserdampf!", sagt Oskar. „Das haben wir in der Schule gelernt. Ab 100 °Celsius wird aus Wasser **Wasserdampf**. Und im megaheißen Erdmantel … wohin fliegt denn der Wasserdampf unter der Erdkruste?"

„Eine gute Frage", lobt Dotti. „Er kann nicht entweichen, sondern baut **Druck** auf. Der verflüssigt das heiße Gestein im Erdmantel und es bilden sich Magmakammern."

„Das Herz des Vulkans!", ruft Kokosnuss.

„Richtig!" Dottis Augen leuchten. „Und in der Magmakammer baut sich so lange Druck auf, bis … PENG!"

„VULKANAUSBRUCH!", rufen die drei Freunde gleichzeitig.

Anak Krakatau, das Vulkankind

Das Magmamobil beginnt zu piepsen und zu blinken. „Wir erreichen den Pazifischen Feuerring“, sagt Dotti und schaut auf den Bildschirm. „Genauer gesagt Indonesien – ein Staat, der aus vielen Inseln besteht. Und ungefähr 150 aktive Vulkane hat. Die meisten aktiven Vulkanen der Welt.“

„Den da kenne ich!“, ruft Kokosnuss und deutet aufgeregt aus dem Fenster.

„Pass auf, sonst zerdrückst du die Gänseköttel!“, warnt Oskar.

Matilda steht neben Kokosnuss und blickt auf den friedlich rauchenden Vulkan herab. „Der sieht ja nett aus. Woher kennst du den?“

„Das ist der **Krakatau**", sagt Kokosnuss. „Hier wohnt meine Tante! Sie schreibt mir oft Postkarten mit Vulkan-Fotos. Deswegen habe ich ihn wiedererkannt. Oh, ich freu mich so!"
„Fertig machen zur Landung!", ruft Dotti. Das Magmamobil geht in den Sinkflug und setzt kurze Zeit später auf. Kaum öffnet sich die Luke, da stürmt schon eine stattliche Feuerdrachen-Dame auf sie zu.
„Ist es die Möglichkeit?", ruft sie glücklich. „Mein Neffe Kokosnuss! Du hier? Es ist ja eine halbe Eeeewigkeit her, dass ich dich gesehen habe!" Sie schließt Kokosnuss in ihre Arme und schiebt ihn wieder von sich. „Bist du groß geworden!"
„Hallo, Tante Merle!" Kokosnuss grinst schief. „Ich hab dir etwas mitgebracht!"
„Ein Stein in Form der Dracheninsel!", ruft Tante Merle erfreut. „Wie geht es deinen Eltern? Wie ich euch alle vermisse! Aber diese Insel ist das reinste Feuerdrachenparadies!"
„Hier ist es wirklich hübsch!", sagt Matilda und lässt den Blick schweifen.
„Deine Freunde hast du auch dabei!", sagt Tante Merle fröhlich.
„Ich bin Oskar und wir wollen Vulkane erforschen", sagt der Fressdrache. „Und Vulkanberuhigungstrank verkaufen. Aber dein Vulkan ist ja nicht gefährlich …"
„Ich glaube, ich muss euch etwas über den Krakatau erzählen", sagt Tante Merle und runzelt die Stirn. „Genauer gesagt: über den **Anak Krakatau** – das Kind des Krakatau."
„Das Kind des Krakatau?", fragt Oskar. „Das klingt ja niedlich."

„Hm“, macht Tante Merle. „So niedlich ist er allerdings nicht. Sein Vater, der Krakatau, zählte zu den explosivsten Vulkanen aller Zeiten.“
„Wo liegt er?“, fragt Kokosnuss.
„Das ist es ja“, sagt Tante Merle. „Er hat sich selbst weggesprengt.“
„WAS?“, rufen Kokosnuss, Matilda, Oskar und Dotti.
Tante Merle nickt. „Ich war

noch ein junges Drachenmädchen“, sagt sie versonnen.
„Krakatau war eine Insel mit drei Vulkankegeln, üppig mit Regenwald bewachsen. Seit 200 Jahren hatte es keine Eruption mehr gegeben, und die Bewohner dachten, der Vulkan sei erloschen. Der Vulkan *schlief* aber nur. Denn eigentlich baute er im Erdinnern gewaltigen Druck auf. Im Jahr 1883 entlud er sich in mehreren Explosionen. Und in den letzten Augusttagen waren sie so heftig, dass der Vulkan in sich zusammenbrach. Noch in der 130 Kilometer entfernten Hauptstadt klirrten die Fensterscheiben und der Knall war in 4000 Kilometer Entfernung zu hören.“
„Au Backe“, murmelt Kokosnuss.
„Aus allen drei Kratern schleuderte der Vulkan Asche und Gestein in die Erdatmosphäre – 25 Kilometer hoch!“, erzählt Tante Merle. „Dann brachen die Krater in sich zusammen. Und das verursachte eine bis zu 40 Meter hohe **Tsunami-Welle**!“
Die Freunde sind entsetzt.
„Die Eruptionswolke stand wie ein Pilz am Himmel“, erzählt Tante Merle weiter.
„Bis sie in sich zusammenbrach. Asche regnete herab und pyroklastische Ströme rasten über die Insel.“
„Pyro … was?“, fragt Oskar.
„Pyroklastische Ströme“, wiederholt Dotti. „Das sind Massen aus vulkanischen Gasen und Lava, Lavaasche und **Nebengestein,** das die Lava beim Ausbruch mit sich reißt. Diese Ströme aus Vulkangemisch können 300 bis 800 °Celsius heiß und 400 Stundenkilometer schnell sein.“
„Rette sich, wer kann“, flüstert Matilda.

„Hätten die Leute damals schon meinen Beruhigungstrank gehabt!", ruft Oskar.
„Meinst du, der hätte eine so heftige Explosion aufhalten können?", fragt Kokosnuss zweifelnd.
„Einen Versuch wäre es wert gewesen …", murmelt Oskar.
„Und was geschah nach dem Ausbruch?", fragt Matilda.
Tante Merle seufzt. „Von den drei Kratern war ein halber übrig geblieben … Und die Aschewolke breitete sich in der Erdhülle, der **Atmosphäre**, aus. Sie verdunkelte tags die Sonne und nachts den Mond. Weltweit wurde es kälter. Vielen Leuten machte das Angst."
„Solch heftige Vulkanausbrüche können zu **Vulkanischen Wintern** führen", erklärt Dotti. „Wenn große Aschewolken in der Atmosphäre einen dichten Schleier um den Erdball bilden, halten sie das Sonnenlicht ab. Die Folge sind Kälte und Missernten …"
„Vielleicht sogar das Aussterben der Dinosaurier!", sagt Matilda und blättert wieder in ihrem Notizheft. „Erinnert ihr euch? Der große Meteoriteneinschlag vor 66 Millionen Jahren hat zu Vulkanausbrüchen geführt."

„Auweia!", stöhnt Oskar. „Vulkane können also nicht nur ihre Umgebung verändern, sondern sogar die ganze Welt."

„Die meisten Vulkanausbrüche haben allerdings nicht solch katastrophale Folgen", sagt Tante Merle. „Nehmt meinen **Anak Krakatau**, das Kind des Krakatau. Er wächst seit 1927 aus den Überresten des verbliebenen Vulkankegels. Bis 2018 wuchs er auf 338 Meter an."

„Alle Kinder wachsen!", kichert Kokosnuss.

Tante Merle lächelt und wird wieder ernst. „Dann gab es ein Erdbeben. Der Hang des Anak Krakatau rutschte ab. Das löste eine Tsunamiwelle aus. Seitdem ist der Vulkan nur noch 110 Meter hoch."

„Dann ist das Vulkankind ja genauso wild wie sein Vulkanpapa", sagt Kokosnuss.

„Der Anak Krakatau steht unter Beobachtung. Die Menschen haben ein **Frühwarn-System** eingerichtet", sagt Tante Merle. „Die Fischer sollen sich ihm sicherheitshalber nicht nähern. Für mich bedeutet das, dass ich meine Ruhe habe. Außer es rumpelt im Vulkan ... Wie 2020, als er eine 500 Meter hohe Aschesäule in die Luft gespuckt hat. Aber ..."

„Aber was?", fragt Kokosnuss, als Tante Merle zögert.

„Na ja", sagt sie. „Lieber Asche als Säure."

„Säure?", fragt Dotti. „Spucken manche Vulkane denn Säure?"

„Kommt mit, ich zeige es euch!", sagt Tante Merle und fliegt dem Magmamobil voraus.

Der Säuresee

„Wir fliegen über die indonesische Insel **Java**!“, ruft Tante Merle gegen den Flugwind. „Wie ihr seht, reiht sich ein Vulkan an den anderen! Eigentlich ist die ganze Insel aus Vulkanen entstanden. Einige der 38 Vulkane sind noch aktiv, auch der höchste Berg der Insel, der Stratovulkan **Semeru**.“

Vor allem sehen die Freunde Felder, Dörfer, kleine Wälder … und riesige Städte. Dotti beugt sich über den Bildschirm. „Hier steht, dass Java mit die höchste Bevölkerungsdichte der Welt hat.“ „Haben die Menschen keine Angst vor den Vulkanen?“, fragt Kokosnuss. Da winkt Tante Merle und

Kratersee Kawah Ijen

Dotti setzt zur Landung an. Kaum öffnet sie die Luke, weht ihnen ein fürchterlicher Gestank entgegen.
„Faule Eier!“, jault Oskar.
„Schwefel!“, erinnert sich Matilda.
„Sogar ein ganzer Schwefelsee!“, sagt Tante Merle und zeigt in einen tiefen Krater. „Wir sind am Kratersee **Kawah Ijen**. **Kraterseen** entstehen in Vulkankratern, wenn sie mit Regenwasser volllaufen. Aber in diesem Krater sammelt sich nicht nur Wasser, sondern vor allem **Schwefel**. Deswegen ist das Wasser türkisblau …“
„Schöööön!“, seufzt Oskar.
„… und so sauer“, sagt Tante Merle, „dass es alles zerfrisst, was ihm in den Weg kommt! Manche nennen den See *das größte Säurefass der Erde*.“
„Kein Wunder“, grummelt Matilda. „Bei dem Gestank werde ich auch sauer!“
„Der Gestank kommt von den Schwefeldämpfen“, sagt Tante Merle und zeigt auf die aufsteigenden Wolken. „**Fumarolen** sind Öffnungen im Vulkan, aus denen **Gas** steigt. Wenn es sich abkühlt, wird der Schwefel flüssig – ist aber immer noch so heiß, dass er sich entzünden kann. Dann brennt er in **blauen Flammen**! Am **Kawah Ijen** ist ein ganzes Ufer aus Schwefel entstanden. Die Menschen bauen den Schwefel ab. Eine anstrengende und gefährliche Arbeit! Aber Schwefel wird in der Chemie, in der Medizin und in der Landwirtschaft gebraucht. Und auch für Feuerwerkskörper … und Zündhölzer.“
„Zum Glück können wir unser eigenes Feuer machen!“, sagt Kokosnuss.
Seine Tante lächelt stolz. „Mette hat mir erzählt, dass du das besonders gut kannst!“

Unterwasservulkane

Tante Merle drückt Kokosnuss fest an sich. „Grüß alle zu Hause auf der Dracheninsel!“, sagt sie. „Ich schicke bald wieder eine Postkarte!“
Kokosnuss winkt seiner Tante nach, bis sie in einer Schwefelschwade verschwindet. Und dann taucht das Magmamobil ins Meer hinab!
„Jetzt untersuchen wir den **Meeresboden**!“, sagt Dotti und ihre Augen leuchten.
„Die Tiefsee-Rinnen und die ozeanischen Rücken mit den Unterwasservulkanen.“
Oskar kratzt sich die Nase. „Vulkane unter Wasser? Ich frage mich, wie das geht …“
„Da müssen welche sein“, sagt Matilda. „Wie hätten sonst die Vulkaninseln aus dem Meer wachsen sollen?“
Schnell wird es immer dunkler. In der **Tiefsee** leben nur wenige Tiere … und viele von ihnen leuchten unheimlich.
Plötzlich taucht unter ihnen ein Gebirge mit tiefen Schluchten auf! Das Magmamobil piepst und Dotti liest vom Bildschirm ab: „Ein **Tiefseegraben**! Hier versinkt der Meeresboden im Erdmantel. Die Erdkruste ist hier gut 180 Millionen Jahre alt …“
„Sie entstand zur Zeit der Dinosaurier!“, staunt Matilda.
„Ja, aber schaut mal … je weiter wir uns vom Tiefseegraben entfernen, desto jünger ist das Gestein der Erdkruste!“, sagt Dotti und deutet aufgeregt auf die Mess-Ergebnisse, die die Sensoren des Raumschiffs senden. Es saust über den Mee-

resboden, der nun ziemlich flach ist. Bis …

„Ein Gebirge!“, ruft Oskar.

„Und es raucht!“, ruft Kokosnuss.

„Das Krustengestein ist hier nur einige Hunderttausend Jahre alt!“, stellt Dotti fest.

„Und durch das Gebirge zieht sich so ein Graben“, sagt Matilda. „Wie in Island!“

Mit einem Mal piepst das Magmamobil wieder laut und schrill. PIEPPIEPPIEP!

„Dieser Rauch ist vulkanischen Ursprungs“, sagt Dotti.

„Öh, und was heißt das?“, fragt Kokosnuss.

„Da ist ein **Unterwasservulkan**!“, jubelt Dotti.

„Genau, was in Island über Wasser passiert, geschieht hier

unter Wasser", erklärt Dotti. „Aus der Spalte zwischen zwei Platten quillt Magma. Es drückt die Platten auseinander. Und bildet dabei gleichzeitig Gestein für neue Erdkruste."
Matilda überlegt. „Weil immer neue Erdkruste nachkommt, wird die alte Erdkruste weggedrückt ... bis sie in einem Tiefseegraben versinkt?"
„Genau", sagt Dotti. „Im heißen Erdmantel löst sich das Gestein wieder auf."
„Und quillt als Magma aus den Ritzen und wird neue Erdkruste!", ruft Kokosnuss.
„Haha, die Erde **recycelt** sich selbst!", ruft Oskar. „Nur, dass das halt viiiiele Millionen Jahre dauert."
Dotti nickt. „Schaut mal: Die Lava, die hier aus dem Boden quillt, kühlt viel schneller ab. Durch den Wasserdruck, der am Meeresboden herrscht, bildet sie so hubblige Knubbel. Diese Form nennt man **Kissenlava**."
„Kissen?", fragt Kokosnuss. „Die sehen aber hart aus!"
Matilda zeigt auf einen rauchenden Schlot am Meeresboden. „Und dahinten steigen schwarze Wolken auf!"
„Solche Kamine heißen **Schwarze Raucher**", erklärt Dotti.
„Das passt!", lacht Kokosnuss.
„Die Sensoren messen, dass es sich um heiße Quellen handelt", sagt Dotti. „Kaltes Meerwasser sickert ins kalte Gestein des Meeresbodens. Dabei löst es **Mineralien** und erhitzt sich auf gut 400 °Celsius. Wenn es wieder an die Oberfläche sprudelt, trennen sich die Mineralien vom Wasser – so entsteht diese Wolke. Die Farbe der Wolke hängt von den Mineralien ab. Aber eins haben die Raucher gemeinsam: Sie geben so viele

Nährstoffe ab, dass es in ihrer Umgebung reiche Lebensräume gibt."
„Stimmt!", sagt Kokosnuss. „Da sind Pflanzen und Tiere, die es sonst nirgends gibt. Hab ich in meinem Tiefseebuch gelesen. Hallo, **Röhrenwürmer**! Hallo, Muscheln! Hallo, **Yeti-Krabben**!"

Hotspot Hawaii

„Da ist noch ein Unterwassergebirge!“, ruft Matilda und zeigt aus dem Fenster.
„Irgendwas ist da los“, sagt Dotti verwirrt. „Das Magmamobil piepst schon wieder. Hier sind Vulkane … Aber warum? Wir sind weit weg von jeglichen Plattenrändern …“
Das Magmamobil blinkt, rechnet und fiept. Dann erscheint etwas auf dem Bildschirm.
„Aha!“, ruft Dotti. „Diese Berge entstanden auch durch Vulkane. Hier, unter dem größten, befindet sich ein **Hotspot**! Also eine Mantelplume, die gegen die Erdkruste drückt und immerzu Magma nach oben befördert. Mal schauen, wie hoch der Berg ist!“
Sie lenkt das Magmamobil am Berghang hinauf. Er ist nicht steil, aber zieht sich …
„Ein Schildvulkan“, sagt Dotti. „4000 … 5000 … 6000 Meter!“, zählen die Freunde mit der Anzeige des Raumschiffs mit. Da bricht das Magmamobil durch die Wasseroberfläche.
„Wir sind aufgetaucht!“, ruft Kokosnuss. „Und der Berg wird höher und höher!“

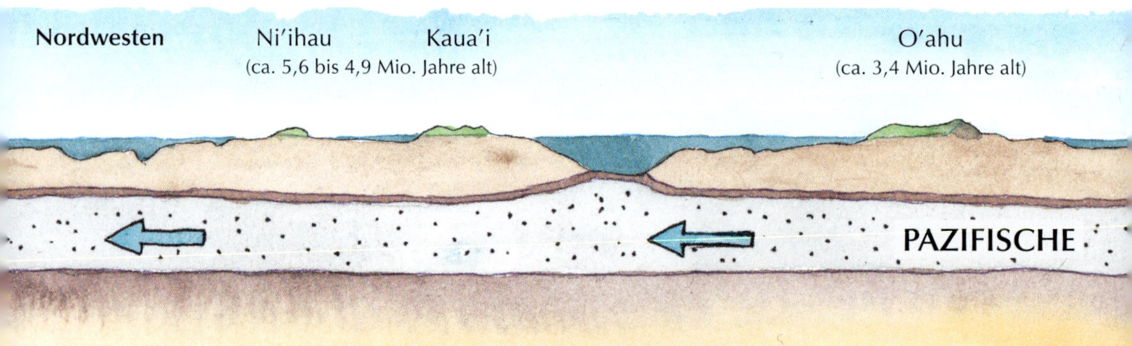

Drift der Pazifischen Platte über den Hotspot Hawaii

Jetzt erhebt sich das Raumschiff in die Luft.
„Unglaublich!“ Kokosnuss zeigt auf den Bildschirm.
„Wisst ihr, was das Magmamobil gemessen hat? Von der Wasseroberfläche bis zum Gipfel ist dieser Berg 4205 Meter hoch. Aber gemessen vom Meeresboden ist er 10 203 Meter hoch. Und weil das ganze Vulkangestein so schwer ist, ist der Berg in den Meeresboden eingesunken und daher insgesamt über 17 000 Meter hoch!“
„Noooch viel höher als der Mount Everest“, haucht Oskar.
Matilda beugt den Kopf über ihren Atlas. „Das ist der **Mauna Kea**. Der höchste Berg auf **Hawaii**. Hawaii besteht aus acht großen und vielen kleinen Inseln.“
„Und alle Inseln sind aus Vulkanen entstanden, die vom Hotspot gespeist wurden“, sagt Dotti. „Das ist spannend! Schaut mal, der Hotspot bleibt immer an derselben Stelle. Aber die Platte driftet auf dem Erdmantel über den Hotspot hinweg. Hier sind sogar noch aktive Vulkane. Moment!“
Das Magmamobil blinkt nämlich wild und Dotti schaut noch einmal auf den Bildschirm. „Sogar einer der aktivsten Vulkane der Welt! Der **Kilauea**! Das gucken wir uns an!“

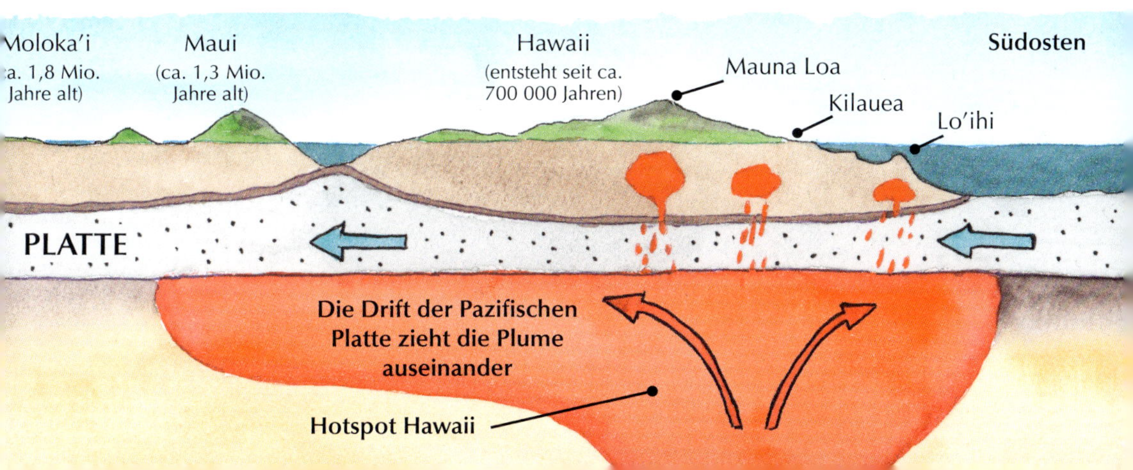

Lava ist nicht gleich Lava

Die Freunde klettern hinter Dotti aus dem Raumschiff. Die Vulkanforscherin läuft über ihr Messgerät gebeugt los … und stößt, DOING!, mit jemandem zusammen, der durch eine Fotokamera blickt.
„Oh pardon!“, stammelt Dotti.
„Sorry!“, sagt der Mann. „Ich bin Koa und fotografiere Vulkane … oje, fehlt Ihnen was?“
Dotti strahlt. „Ich erforsche Vulkane! Und ja, mir fehlen Infos … über diese Vulkane.“
„Was wollt ihr denn wissen?“, fragt Koa.
„Alles!“, rufen Dotti und die Freunde.
Koa lacht. „Erst mal: Willkommen auf Hawaii, dem Paradies für Vulkan-Fans. Alle Inseln bestehen aus Vulkangestein.“

„Das haben wir schon herausgefunden“, sagt Kokosnuss. „Und dass es Schildvulkane sind.“

„Flach und gewölbt … und trotzdem ganz schön hoch“, sagt Oskar.

„Das liegt an der Lava hier“, sagt Koa. „Sie ist sehr dünnflüssig.“

„Aha“, sagt Oskar. „Aber warum?“

„Lava ist immer unterschiedlich, je nachdem, welche Gesteine und Gase darin enthalten sind“, sagt Koa. „Vor allem der Gehalt an **Kieselsäure** bestimmt, ob Lava eher dünnflüssig oder dickflüssig ist.“

„Ja!“, ruft Dotti. „Das haben meine Lava-Proben auch ergeben! Die dünnflüssige Lava vom Erta Ale enthält wenig Kieselsäure. Die dickflüssige Lava, die ich in Island eingesammelt habe, hat dagegen einen hohen Gehalt an **Siliciumdioxid**[4]. Eine Ausnahme bildet die Lava des Ol Doinyo Lengai, die auf **Karbonat** basiert.“

„Äääh, Dotti, alles klar?“, fragen die Freunde, während Koa Dotti bewundernd anschaut.

„Ihr wart am Ol Doinyo Lengai? Und am Erta Ale? Und in Island?“, staunt er. Dann reißt sich Koa zusammen. „Verschiedene Lavatypen gibt es auch hier auf Hawaii. Sie tragen sogar hawaiianische Bezeichnungen!“

Koa deutet auf zackige, scharfkantige Felsblöcke. „Die zähflüssigen Ströme können 100 Meter dick werden und heißen **Aa**[5]**-Lava**. Solche Ströme aus **Zackenlava** sind unpassierbar, selbst wenn sie erkaltet ist.“ Er zeigt den Freunden einen zackig verdrehten Stein.

[4] Das ist die chemische Bezeichnung für eine bestimmte Form von Kieselsäure.

[5] Das wird „ah-ah“ ausgesprochen.

„Aa-Lava erkaltet schnell. So entstehen schon beim Ausbruch **Lavabomben** – große Gesteinsbrocken, die durch die Luft fliegen. Das hier ist eine **Spindelbombe**."

„Ui, die sieht gefährlich aus", sagt Kokosnuss.

Koa nickt. „Vulkanausbrüche mit zähflüssiger Lava sind extrem explosiv. Denn das Gas in der Lava kann nicht gut entweichen. So sammelt es sich über viele Jahre an. Nach dem Ausbruch kann die zähflüssige Lava zu einem **Pfropf** im Vulkankrater erstarren, der bei einem neuen Ausbruch buchstäblich weggesprengt wird."

„Wie ein Korken auf einer Flasche? Mit einem Getränk voll Kohlensäure?", fragt Kokosnuss.

„Ja", sagt Koa. „Stell dir vor, das wird richtig durchgeschüttelt. Peng! Der Pfropf wird weggesprengt … und oft auch Nebengestein aus dem Schlot. Plus die Lava, die durch die Luft fliegt. Bei so einem Ausbruch entstehen verschiedenste Arten von **vulkanischen Bomben**. Man nennt sie **Pyroklasten**."

„Bomben?“, ruft Oskar. „Ihr braucht unbedingt meinen Vulkanberuhigungstrank!“
Koa wird blass. „Nie mehr Vulkanausbrüche? Aber … was soll ich dann fotografieren? Gänseblümchen? Nein, nein. Danke, Oskar. Aber Hawaii ohne Vulkanausbrüche, das ist wie … wie Pommes ohne Ketchup. Langweilig! Die meisten Vulkane hier sind ziemlich berechenbar.“
Jetzt zeigt der Fotograf auf eine schwarze, geriffelte Oberfläche am Hang. „Ein **Pahoehoe**[6]-Lavastrom ist dünnflüssig und selten dicker als einen Meter. Ein Pahoehoe fließt noch weiter, wenn seine Oberfläche schon erstarrt ist. So bilden sich diese Falten in der **Stricklava**. Man kann darüber laufen, sogar, wenn darunter noch Lava fließt und **Lavaröhren** bildet. Auch solche Ausbrüche können heftig sein. Aber viele Vulkane mit dünnflüssiger Lava blubbern eher stetig vor sich hin. Bei

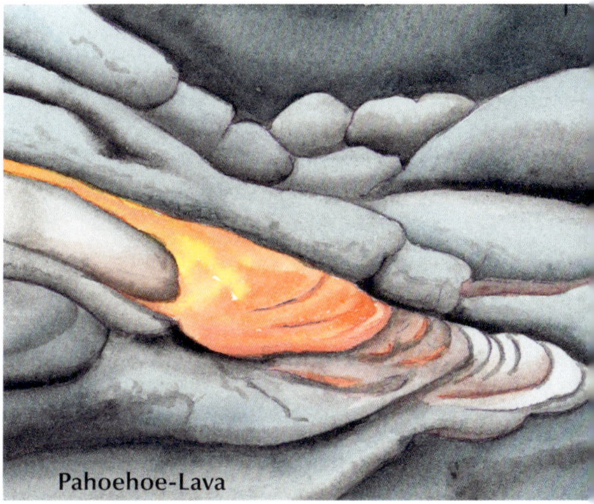

Pahoehoe-Lava

einigen sammelt sich die Lava im Krater und bildet einen See. Wie der Lavasee im **Halemaumau-Schlot** am Kilauea.“
„Und wie der Lavasee beim Nyiragongo!“, ruft Matilda.
Koa staunt. „Da wart ihr auch? Toll!“

[6] Das wird „pa-hoi-hoi“ ausgesprochen.

Der Leuchtturm vom Mittelmeer

„Wenn ihr Vulkane besucht, müsst ihr unbedingt nach Italien“, rät Koa. „Vulkanausbrüche werden nämlich nicht nur in **explosiv** und **effusiv** unterschieden. Auch, wo der Vulkan steht und wie die Eruption abläuft, spielt eine Rolle. Eine **Hawaiianische Eruption** bezeichnet Ausbrüche von Schildvulkanen, deren dünnflüssige, heiße, gasarme Lava immer wieder austritt und schnell den Hang abwärtsfließt. Die Vulkane in Italien sind ganz anders. Reist zum Stromboli, dem Leuchtturm vom Mittelmeer!“
„Au ja!“, rufen die Freunde. „Danke für den Tipp, Koa!“, sagt Dotti und klettert hinter den Freunden ins Raumschiff.
PIIIIIIIEP, macht das Magmamobil, als sie über Nordamerika fliegen. Dotti schiebt einige Flaschen Ochsenpipi beiseite und stürzt an den Bildschirm. „Unter uns ist der **Mount St. Helens**!“, ruft sie aufgeregt. „Oh, in seinem Krater hat sich ein **Lava-Dom** gebildet. So eine Kuppel entsteht, wenn sehr dickflüssige Lava aus dem Pfropf austritt und schnell erkaltet.“
„Wie ein Korken mit einem Extra-Knubbel“, staunt Kokosnuss.
„Puh!“, stöhnt Matilda. „Hier steht, der Ausbruch 1980 war so heftig, dass Asche und Gaswolken 18 Kilometer hoch geschleudert wurden. Ein Teil umrundete mit dem Wind in zwei Wochen die Erde! Pyroklastische Ströme aus Lava

und Asche vermischten sich mit Schnee und Eis vom Gipfel zu einem **Lahar** – einer Schlammlawine, die mit 120 Stundenkilometern alles plattmachte … Eine Plinianische Eruption. Was das wohl bedeutet?“

„Das finden wir heraus. Danke für dein Referat, Matilda“, sagt Dotti. „So war unsere Reise über den Atlantischen Ozean sehr kurzweilig … Denn wir sind da. Europa, Italien, der **Stromboli**!“

„Aha, jetzt verstehe ich, warum er **Leuchtturm vom Mittelmeer** genannt wird!“, sagt Kokosnuss. „Der Stromboli leuchtet!“

Dotti lenkt das Magmamobil direkt über den Berg und beobachtet die Messungen der Sensoren. „Dieser Schichtvulkan ist seit Tausenden von Jahren aktiv! Die Eruptionen sind meist klein, aber einer seiner vielen Krater wirft immer Lavafetzen, Schlacken und Asche aus. Es steigt ständig Gas im Magma nach oben und zerplatzt in Blasen auf der Oberfläche. Bei dieser Form des Ausbruchs spricht man von einer **Strombolianischen Eruption**.“

Der Ausbruch des Vesuvs

„Und was ist eine Plinianische Eruption?“, fragt Matilda noch einmal.
„Dafür fliegen wir direkt weiter zum Vesuv“, entscheidet Dotti. „Ich will nur schnell messen … äh, ja, öhm … aha! Der Vesuv ist ein Schichtvulkan, 1281 Meter hoch. Er besteht aus den Resten eines wesentlich älteren Vulkans, der im Jahr 79 explodiert und eingestürzt ist. Uiuiui, das muss ein großer Ausbruch gewesen sein … Der Vulkan ist bis heute aktiv. Nach längeren Ruhephasen kann es zu heftigen Ausbrüchen kommen.“
„Da unten sind Menschen!“, ruft Oskar. „Denen will ich meinen Vulkantrank verkaufen!“

Ruinen der Stadt Pompeji
mit Vesuv im Hintergrund

„Ist ja gut, ist ja gut", sagt Dotti und landet das Raumschiff. „Was ist hier los?", wundert sich Kokosnuss, als er die Luke aufstößt. „Hier ist eine Stadt, aber die Leute wohnen doch nicht hier?"
„Willkommen in **Pompeji**", begrüßt sie eine Frau. „Ich bin Isabel Archeologo. Zusammen mit Kolleginnen und Kollegen grabe ich die Stadt aus. Sie wurde beim Vulkanausbruch im Jahr 79 verschüttet."
„Die ganze Stadt?", fragt Matilda entsetzt.
Isabel nickt. „Und nicht nur Pompeji. Auch die Städte **Herculaneum** und **Stabiae** wurden unter den pyroklastischen Strömen begraben. Es war eine unglaublich Katastrophe. Und sie wurde gut dokumentiert, von einem jungen Wissenschaftler namens **Plinius**[7]."
„**Plinianische Eruption**!", ruft Kokosnuss.
Isabel nickt. „Ja, diese Form eines außerordentlich explosiven Ausbruchs wurde nach ihm benannt. Plinius war ein Römer aus einer reichen Familie. Und Pompeji und Herculaneum waren wohlhabende Städte. Der Ausbruch traf die Menschen völlig unvorbereitet."
Isabel deutet auf eine Schautafel. „Der Ausbruch dauerte

[7] Plinius der Jüngere war damals 17 oder 18 Jahre alt. Sein Onkel, Plinius der Ältere, war ebenfalls Naturforscher. Er kam bei dem Ausbruch ums Leben.

viele Stunden. Vulkanische Bomben fielen mit 200 Stundenkilometern herab. Die Eruptionssäule wuchs auf 30 Kilometer Höhe an. Und nachdem sie zusammenbrach, rasten pyroklastische Ströme die Berghänge hinab. Glut- und Schlammlawinen begruben Herculaneum 20 Meter tief unter sich." Isabel zeigt auf die schwarze Wolke auf der Schautafel. „Der Wind trug die Aschewolke Richtung Südosten. Pompeji wurde zunächst von zwei Metern Asche und Steinen bedeckt, bevor Schlammlawinen darüberrollten."

Sie nickt Dotti und den Freunden zu, damit sie ihr folgen. „Die meisten Menschen konnten fliehen. Doch 2000 Männer, Frauen und Kinder kamen ums Leben. Und viele Tiere. Woher wir das wissen? Die Asche umhüllte ihre Körper wie feuchter Zement. Sie hinterließen Hohlräume im Gestein. 1860 füllte der damalige Ausgrabungsleiter Giuseppe Fiorelli die Hohlräume mit Gips, entfernte dann das Gestein …"

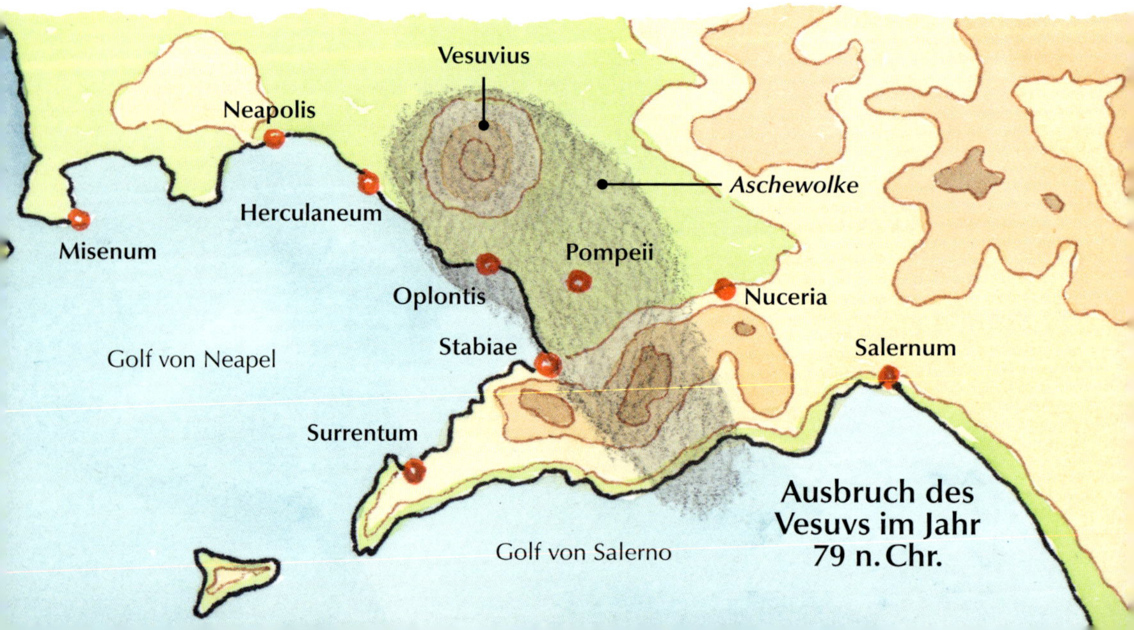

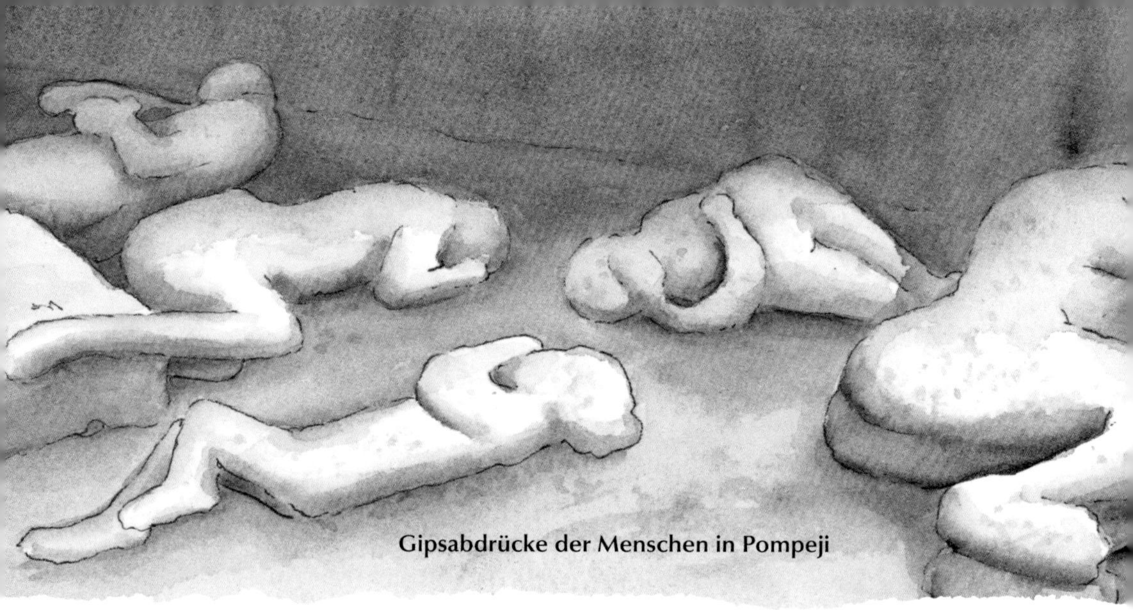

Gipsabdrücke der Menschen in Pompeji

Sie zeigt stumm auf zwei menschliche Formen, die sich aneinanderklammern. „Menschen, die damals starben“, flüstert Matilda ergriffen. Isabel nickt. „In Pompeji können wir Menschen in den letzten Augenblicken ihres Lebens sehen. Diese Ausgrabungsstätte ist eine wahre Schatzkammer! Wir finden Häuser mit Wandmalereien, Möbeln, sogar verkohltes Essen! Tempel, Theater und ein Schnellimbiss zeigen, wie die Menschen gelebt haben. Die Römer liebten es, im warmen Thermalwasser zu baden, das aus dem Vulkanboden aufstieg. Wir lernen so viel und entdecken jeden Tag etwas Neues. Die größte Herausforderung heute ist es, diese Schätze zu bewahren. Denn wenn sie freigelegt sind, sind sie Hitze, Wind und Wetter ausgesetzt, die durch den Klimawandel heftiger werden.“ Oskar zuckt mit den Schultern. „Hm, dagegen hilft mein Vulkanberuhigungstrank leider nicht.“

Vulkane … Fluch und Segen für die Menschen

„Vulkanberuhigungstrank?", fragt Isabel. „Was ist das?" „Damit kann man Vulkanausbrüche aufhalten", erklärt Oskar eifrig. „Möchtest du eine Flasche vom Trank kaufen?"

Isabel lächelt, schüttelt aber den Kopf. „Weißt du, Vulkane zerstören nicht nur, sondern bringen auch neues Leben. Vulkan-Asche enthält viele Mineralien, die den Pflanzen beim Wachsen helfen. An den Hängen der italienschen Vulkane – also dem **Vesuv**, dem **Stromboli** und dem **Ätna** auf Sizilien – gedeihen Wein, Tomaten, Oliven, Orangen, Zitronen und andere Obst- und Gemüsesorten prächtiger als anderswo. Am Ätna wachsen bis in eine Höhe von 2500 Metern Wacholder- und Sanddornbüsche. Da selbst im Winter die Böden nicht gefrieren, dürfen wir uns einer einmaligen Pflanzenwelt erfreuen."

„Wir haben viel gelernt. Danke, Isabel!“, sagt Kokosnuss. Mit Dotti, Oskar und Matilda klettert er ins Raumschiff. Während Dotti es startet, blättert Matilda in ihrem Notizbuch. „Na gut, fassen wir mal zusammen. Es gibt etwa 1500 aktive Vulkane auf der Erde, von denen 50 bis 70 pro Jahr ausbrechen – die unter Wasser nicht mitgezählt. Einige sind ununterbrochen tätig. Von Zeit zu Zeit haben die Ausbrüche verheerende Folgen. Meistens profitieren die Menschen aber von den Vulkanen.“
„Genau“, sagt Kokosnuss und zählt an den Fingern auf: „Vulkane schaffen neues Land – zum Beispiel Inseln wie Island und Hawaii. Vulkane sorgen unter Wasser und an Land für Leben. Vulkan-Asche ist so fruchtbar, dass sie sogar als Dünger verkauft wird. Nicht zu vergessen der Schwefel, der für Medizin und Industrie abgebaut wird. Die Erdwärme, die aus den Spalten dringt, wird zum Heizen von Wohnungen und Gewächshäusern genutzt. Und im Wasser, das warm aus der Erde kommt, baden die Menschen gern – auch heutzutage!“
„Beim stinkenden Schwefelei!“, brummelt Oskar. „Bei so vielen Vorteilen will ja NIEMAND meinen Vulkantrank!“ Er lässt den Kopf hängen. „Ich will nach Hause.“
Matilda schaut nachdenklich in ihren Atlas. „Vielleicht … sollten wir uns noch ein Gebiet in Deutschland anschauen, das **Vulkaneifel** heißt.“
„Klingt spannend!“, findet Dotti.
„Und gefährlich, was, Oskar?“, sagt Kokosnuss und legt seinem Freund den Arm um die Schulter.
Oskar nickt. „Na gut!“

Das Leben eines Vulkans

Sie landen auf einer Bergkuppe voller Bäume. Im Tal liegt ein fast runder See.
„Hübsch“, findet Oskar. „Aber wo sind die Vulkane?“
Dotti blickt ratlos auf ihr Messgerät. „Das ist komisch. Das Gestein stammt aus Vulkanen.“
„Wie wär's, wenn wir die Vulkane suchen und Oskar in der Zwischenzeit den Trank zubereitet?“, fragt Kokosnuss.
„Gute Idee!“, findet Matilda. „Irgendwo muss es in der Vulkaneifel ja einen Vulkan geben.“
Während Oskar die Zutaten aus dem Magmamobil räumt und den großen Kochtopf aufstellt, ziehen Matilda, Kokosnuss und Dotti mit dem Messgerät los.
„Was macht ihr da?“, fragt mit einem Mal eine tiefe Stimme.
Die drei drehen sich um.
Die Stimme kommt aus einer Höhle!
„Hallo?“, ruft Kokosnuss.
„Hallo! Ich bin Draach. Willkommen in meiner geheimen Drachenhöhle!“ Ein großer alter Drache erscheint im Höhleneingang. „Oh, ich bekomme nicht oft Besuch von Drachen … und Stachelschweinen und … äh?“
„Vulkanforscherinnen vom Planeten Öxi?“, hilft Dotti.
„Wir suchen die Vulkane der Vulkaneifel“, sagt Matilda. „Aber wo sind sie?“
Draach lacht. „Hier gibt es rund 100 Vulkane. Und ihr steht auf einem!“

„Was?“, ruft Kokosnuss. „Wo ist denn der Krater?“
Draach lacht noch lauter. „Aber, aber, junger Freund. Die Vulkane hier sind schon seit langer, langer Zeit nicht mehr ausgebrochen. Etwa 11 000 Jahre nicht mehr. Ihr findet hier, was von einem Vulkan übrig bleibt. Vulkane bilden Landschaften! Berge, Hügel … dazwischen Täler … In einigen Kratern sammelt sich Wasser. Diese Seen nennt man **Maar**. Wisst ihr, Pflanzen und Tiere kommen zurück. Selbst wenn ein Vulkanausbruch alles zerstört hat. Mit dem Wind und den Vögeln fliegen Samen heran und setzen sich in den Lavaböden fest. Und im Laufe der Zeit wachsen daraus Wälder.“

„So wie hier?“, fragt Kokosnuss.
„Ja“, sagt Draach. „So verschwindet der Vulkan unter einer grünen Decke. Außerdem verändern Wind und Wetter das Aussehen des Vulkankegels. Bei manchen Vulkanen ist das Lavagestein im Schlot härter als der umgebende Krater. Wenn der im Laufe vieler Jahrtausende verwittert, bleibt der Pfropf stehen. Solch einen Felsen nennt man **Härtling**.“ Draach schmunzelt. „Das sind gute Aussichtspunkte. Die Menschen haben sie gern genutzt, um Burgen darauf zu bauen.“

„Burgen auf einem Vulkan? Ist das nicht riskant?“, wundert sich Kokosnuss.

„Die Vulkane sind ja nicht mehr aktiv“, sagt Draach.

„Was meinst du damit?“, fragt Matilda.

Draach zählt an den Krallen seiner Klaue auf: „Also, es gibt **aktive Vulkane**, die immerzu ausbrechen oder mit großer Gewissheit bald wieder ausbrechen werden.“ Er hebt die nächste Kralle. „Dann gibt es die schlafenden, **inaktiven Vulkane**. Also die Vulkane, die schon lange nicht mehr ausgebrochen sind. Sie könnten aber wieder ausbrechen, weil die Voraussetzungen noch da sind.“ Nun hebt er die dritte Kralle. „Ein Vulkan gilt als **erloschen**, wenn er keine Magmazufuhr mehr hat. Dann kann er nicht mehr ausbrechen.“

„Klingt logisch“, sagt Kokosnuss.

„Das zu berechnen, ist natürlich sehr schwer“, wendet Dotti ein. „Nicht einmal die Sensoren des Magmamobils können Messungen so tief in der Erde durchführen.“

Laacher See

Draach nickt. „Da hat die Vulkanforscherin recht. Die Vulkane der Eifel sind mit hoher Wahrscheinlichkeit erloschen. Aber so gaaaaanz sicher ist es nicht. Es gibt immer noch Stellen, an denen Gase austreten. Zum Beispiel aus den **Mofetten** am Ostufer des Laacher Sees. Der See ist in einer Caldera entstanden."
„Einer eingebrochenen Magmakammer also", erinnert sich Matilda.
„Wir haben hier in der Eifel viele **Mineralquellen** und sogar **Kaltwassergeysire**", fährt Draach fort. „Geysire sind Wasserfontänen, die durch vulkanische Vorgänge mehr oder weniger regelmäßig aus dem Boden hervorsprudeln. Und außerdem kommt es auch immer wieder zu leichten Erdbeben in der Region. Sie sind Anzeichen, dass sich die Erdkruste bewegt."

„Heißt das, ein Vulkan bricht bald aus?", fragt Kokosnuss.
„Ein Vulkanausbruch?", ruft Oskar. Er rennt auf seine Freunde zu, dass die Flaschen in seiner Tasche klirren und klappern. „Dann komme ich genau richtig! Der Vulkanberuhigungstrank ist fertig!"

Der supergute Vulkanberuhigungstrank

„Ein Vulkanberuhigungstrank?“, fragt Draach interessiert. „Den brauche ich! Denn wie gesagt: Lange Zeit nahm man an, dass die Vulkane hier erloschen sind. Aber was, wenn nicht? Was, wenn der Laacher-See-Vulkan nur eine extra lange Ruhepause macht? Sein letzter Ausbruch vor über 12 000 Jahren hatte auf dem **Vulkanexplosivitätsindex**, kurz VEI, eine Stärke von 6 bis 8.“

„Wie der Krakatau-Ausbruch 1883“, sagt Dotti. „Bei Explosionen der Stärken 7 und 8 spricht man von **Supervulkanen**. Solche Superexplosionen sind sehr selten – und es dauert Hunderte, sogar Tausende Jahre, bis sich die Magmakammer eines solchen Vulkans wieder aufgefüllt hat. Hm, sollte dein Vulkan tatsächlich ruhen, würde er seitdem also Druck aufbauen. Das wird eine heftige Explosion!“

„Die Menschen beobachten das genau“, sagt Draach. „Sie haben über 350 **Seismografen** aufgestellt, also Geräte, die Erdbeben messen. Und sie nehmen an, dass es 30 000 Jahre dauert, bis die Magmakammer wieder voll ist.“

„Dann wäre der nächste Superausbruch in … 18 000 Jahren“, rechnet Kokosnuss.

„Für Menschen eine Ewigkeit, aber für Drachen sozusagen übermorgen“, sagt Draach. „Oskar, ich kaufe dir alle Flaschen ab. Sicher ist sicher!“

„Juhu!“, jubelt Oskar.

„Und ich habe alles gesammelt, was ich über die Vulkane

der Erde für meine Forschung brauche", sagt Dotti. „Ich mache jetzt einen Abstecher zum Planeten **Mars**. Der **Olympus Mons** ist der größte Vulkan eures Sonnensystems. Und dann fliege ich zur **Venus**. Dort gibt es mindestens 37 aktive Vulkane, vielleicht mehr."

„Die Pfannkuchen-Vulkane!", ruft Matilda. Sie blättert in ihrem Notizheft und zeigt ein Foto, das sie bei ihrem Weltraumabenteuer aufgenommen hat. „Erinnert ihr euch? Die Vulkane sind platt gedrückt, weil die Atmosphäre so dicht ist. Und durch die vielen Vulkanausbrüche ist sie voll giftiger Gase. Pass gut auf, Dotti."

„Mach ich", sagt Dotti. „Das Magmamobil ist ja perfekt ausgestattet. Aber zuerst bringe ich euch nach Hause!"

Alle einzigartig!

Von ihrem Baumhaus auf der Dracheninsel winken die Freunde dem Magmamobil nach, bis es zwischen den Wolken verschwunden ist, die der Gugelhupf friedlich in den Himmel bläst.
„So viele Vulkane", sagt Kokosnuss nachdenklich. „Jeder ist anders. Jeder ist einzigartig."
„Genau wie wir Drachen und Stachelschweine", sagt Matilda. „Und genau wie Vulkane sind manche von uns ruhig und andere explodieren manchmal heftig."
Oskar grinst. „Vulkane sind superheiß und supercool. Aber keiner ist so schön wie unser Gugelhupf. Nur der sieht aus wie ein Topfkuchen!"
„Topfkuchen", seufzt Matilda. „So ein Vulkan-Abenteuer macht ganz schön hungrig, findet ihr nicht?"
„Mama Mette hat bestimmt gebacken", sagt Kokosnuss. „Und ich muss ihr ja Grüße von Tante Merle ausrichten! Und alles über Vulkane erzählen!"
„Alles klar!", ruft Oskar. „Also nix wie los!"
Und schon laufen die drei Freunde zu Kokosnuss nach Hause.

MIX
Papier | Fördert gute Waldnutzung
FSC® C043106

Penguin Random House Verlagsgruppe
FSC® N001967

1. Auflage 2024

„Der kleine Drache Kokosnuss" ist eine Figur von Ingo Siegner.
Konzept und Texte: Anna Taube, Bad Rodach
Artwork und Design: Alfred Dieler, Darmstadt
hf · Herstellung: AW
Satz- und Reproduktion: Lorenz+Zeller GmbH, Inning a. Ammersee
Druck: Grafisches Centrum Cuno GmbH & Co. KG, Calbe
ISBN 978-3-570-18193-5
Printed in Germany

www.cbj-verlag.de
www.drache-kokosnuss.de
www.youtube.com/drachekokosnuss

Alle Kokosnuss-Abenteuer auf einen Blick:

0. Der kleine Drache Kokosnuss reist um die Welt
(groß: 978-3-570-17981-9 und klein: 978-3-570-17980-2)
1. Der kleine Drache Kokosnuss kommt in die Schule (978-3-570-12716-2)
2. Der kleine Drache Kokosnuss – Hab keine Angst! (978-3-570-12806-0)
3. Der kleine Drache Kokosnuss und der große Zauberer (978-3-570-12807-7)
4. Der kleine Drache Kokosnuss und der schwarze Ritter (978-3-570-12808-4)
5. Der kleine Drache Kokosnuss – Schulfest auf dem Feuerfelsen (978-3-570-12941-8)
6. Der kleine Drache Kokosnuss – Seine ersten Abenteuer
(groß: 978-3-570-17566-8 und klein: 978-3-570-17567-5)
7. Der kleine Drache Kokosnuss feiert Weihnachten
(groß: 978-3-570-17565-1 und klein: 978-3-570-17564-4)
8. Der kleine Drache Kokosnuss und die Wetterhexe (978-3-570-12942-5)
9. Der kleine Drache Kokosnuss und die wilden Piraten (978-3-570-13437-5)
10. Der kleine Drache Kokosnuss im Spukschloss (978-3-570-13039-1)
11. Der kleine Drache Kokosnuss und der Schatz im Dschungel (978-3-570-13645-4)
12. Der kleine Drache Kokosnuss und das Vampir-Abenteuer (978-3-570-13702-4)
13. Der kleine Drache Kokosnuss und das Geheimnis der Mumie (978-3-570-13703-1)
14. Der kleine Drache Kokosnuss und die starken Wikinger (978-3-570-13704-8)
15. Der kleine Drache Kokosnuss auf der Suche nach Atlantis (978-3-570-15280-5)
16. Der kleine Drache Kokosnuss bei den Indianern (978-3-570-15281-2)
17. Der kleine Drache Kokosnuss im Weltraum (978-3-570-15283-6)
18. Der kleine Drache Kokosnuss reist in die Steinzeit (978-3-570-15282-9)
19. Der kleine Drache Kokosnuss – Schulausflug ins Abenteuer (978-3-570-15637-7)
20. Der kleine Drache Kokosnuss bei den Dinosauriern (978-3-570-15660-5)
21. Der kleine Drache Kokosnuss und der geheimnisvolle Tempel (978-3-570-15829-6)
22. Der kleine Drache Kokosnuss und die Reise zum Nordpol (978-3-570-15863-0)
23. Der kleine Drache Kokosnuss – Expedition auf dem Nil (978-3-570-15978-1)
24. Der kleine Drache Kokosnuss – Vulkan-Alarm auf der Dracheninsel (978-3-570-17303-9)
25. Der kleine Drache Kokosnuss bei den wilden Tieren (978-3-570-17422-7)
26. Der kleine Drache Kokosnuss und der Zauberschüler (978-3-570-17569-9)
27. Der kleine Drache Kokosnuss bei den Römern (978-3-570-17656-6)
28. Der kleine Drache Kokosnuss und der chinesische Drache (978-3-570-17734-1)
29. Der kleine Drache Kokosnuss und die Drachenprüfung (978-3-570-17829-4)
30. Der kleine Drache Kokosnuss in Australien (978-3-570-17976-5)
31. Der kleine Drache Kokosnuss – Aufregung in der Drachenschule (978-3-570-18068-6)
32. Der kleine Drache Kokosnuss bei den alten Griechen (978-3-570-18143-0)

Asche- und Schlackekegel

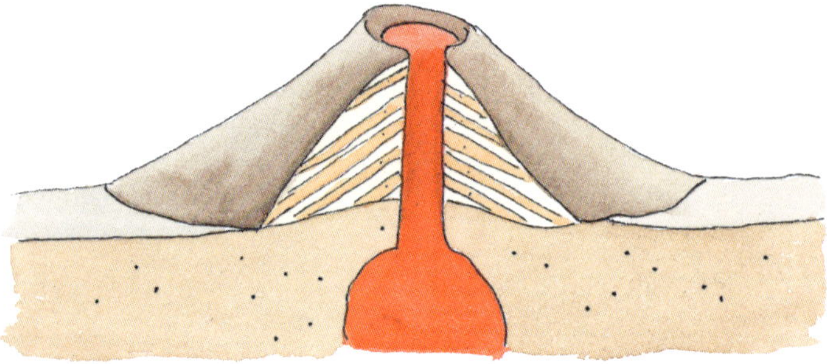

GELÄNDEFORM

kegelförmig

ERUPTIONSFORMEN

zähflüssige Lava

explosiver Ausbruch

Spalte

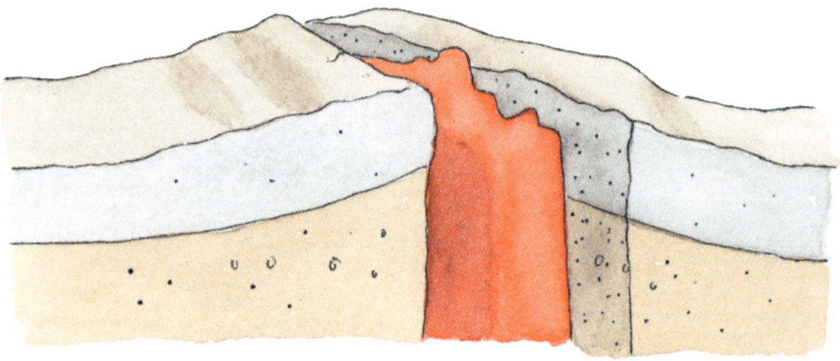

GELÄNDEFORM

Spalte
flache Hänge

ERUPTIONSFORMEN

dünnflüssige Lava

Lavafontänen

Caldera

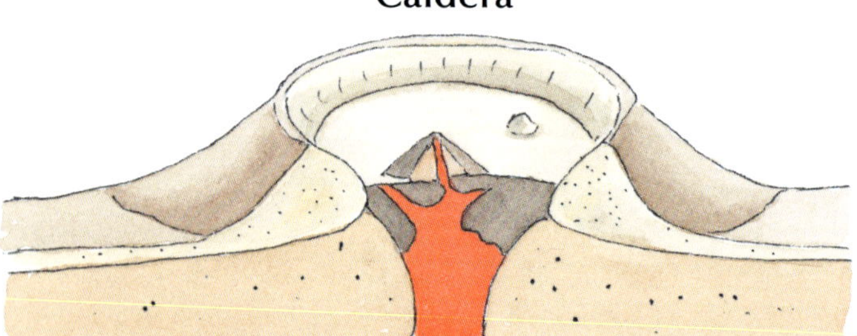

GELÄNDEFORM

trichterförmig

ERUPTIONSFORMEN

zähflüssige Lava

explosiver Ausbruch

Kratereinsturz